A Curriculum-based Model of Child Assessment:
Theory and Practice

课程本位的
幼儿发展评估模式：

理论与实践

黄艾珍　容燕文/编

教育科学出版社
·北京·

目 录

编者序 / 1

第一章　概述 / 1
第一节　教育评估的发展 / 1
第二节　教育评估的步骤 / 4
第三节　有效实施课程本位的幼儿发展评估模式的原则 / 11

第二章　幼儿认知发展的评估 / 15
第一节　幼儿认知发展理论 / 15
第二节　课程与认知发展评估的结合 / 18
第三节　幼儿认知发展评估示例 / 24
第四节　评估资料的应用 / 42

第三章　幼儿语言发展的评估 / 45
第一节　幼儿语言发展理论 / 45
第二节　课程与语言发展评估的结合 / 46
第三节　幼儿语言发展评估示例 / 50
第四节　评估资料的应用 / 57

第四章　幼儿体能发展的评估 / 61
第一节　幼儿体能发展理论 / 61
第二节　课程与体能发展评估的结合 / 66
第三节　幼儿体能发展评估示例 / 71
第四节　评估资料的应用 / 76

第五章　幼儿情感及社会性发展的评估 / 81

第一节　幼儿情感及社会性发展理论 / 81

第二节　课程与情感及社会性发展评估的结合 / 84

第三节　幼儿情感及社会性发展的评估示例 / 90

第四节　评估资料的应用 / 103

第六章　幼儿美感发展的评估 / 111

第一节　幼儿美感及创意发展理论 / 111

第二节　课程与美感发展评估的结合 / 112

第三节　幼儿美感发展的评估示例 / 117

第四节　评估资料的应用 / 124

第七章　个案分享（一）：东华三院田湾幼稚园幼儿学习评估的
　　　　改革历程 / 127

第一节　改革背景 / 127

第二节　改革过程 / 128

第三节　改革历程反思 / 131

第四节　建议 / 136

第八章　个案分享（二）：崇真会美善幼稚园暨幼儿园（马鞍山）
　　　　园本幼儿发展评估示例 / 159

第一节　引言 / 159

第二节　幼儿发展评估的过程和方法 / 160

第三节　幼儿发展评估方法的优势与局限性 / 167

附录　《儿童发展评量表》/ 171

主编及作者简介 / 208

鸣谢 / 211

编者序

　　评估幼儿的学习和发展是幼儿教育工作者的重要任务。什么样的评估模式能最有效地审视幼儿的学习经验，从而帮助幼儿成长，是现今幼儿教育工作者广泛探讨的课题。香港教育当局自 2000 年起推行幼教改革，幼教机构自此开始逐渐采纳较开放的教育模式及以儿童为本的教学理念，这不仅改变了课程设计及课堂教学，同时也改变了传统纸笔形式的评估文化。故此，香港教育学院于 2005 年成立了儿童评估研究小组，配合课程本位的幼儿发展评估新趋势，编订了一份《儿童发展评量表》（香港教育学院，2005），评估范畴包括认知发展、语言发展、体能发展、情感及社会性发展和美感发展等，以供业界参照。

　　研究小组其后邀请了 15 所幼儿园①参与一项名为"幼教课程本位的儿童评估模式"的研究项目，目的是试行与课程结合的幼儿发展评估。其间，教师运用研究小组建议的评量表收集资料，建立儿童学习历程档案。经过两年的实践，参与项目的幼教机构肯定了这种评估模式的可行性及评估工具的适切性。之后，研究小组倡议的儿童评估模式更广泛地应用于香港的幼教机构。

　　研究小组于是把这些幼儿园的经验整理成书，冀为其他幼教机构提供参考蓝本。本书由黄艾珍及容燕文任主编，提出全书的编写体系及编写原则，最后由容燕文统校全书。本书各章的编写分工如下（按章的顺序）。第一章由黄艾珍及容燕文执笔，介绍课程本位的幼儿发展评估模式的理论基础，强调把评估融入教学中，在日常情境中通过与幼儿生活相关的活动来评估幼儿，并介绍实践的步骤和原则，给读者提供有关评估安排及教学的实际考虑。第二章至第六章由研究小组成员执笔，分别阐述五个评估范畴的幼儿发展理论

---

　　① 香港的幼儿教育服务是指幼稚园及幼儿中心提供的教育和照顾。幼稚园是向教育局注册，而幼儿中心则向劳工及福利局辖下的社会福利署注册。幼儿中心包括育婴园及幼儿园两类服务机构，前者为出生至两岁的幼儿服务，后者为两至三岁的儿童提供服务，而幼稚园则为三至六岁的儿童开设。为方便读者阅读，本书将上述两种服务机构统称为幼儿园。

和评估内容、幼儿表现水平的厘定、搜集资料的方法及资料的分析和应用。每章所选的案例，均来自真实的幼儿评估档案，借以阐释如何在幼儿园内实施与课程结合的评估。幼教工作者如能充分理解儿童发展进程、评估理论及模式，便能确立评估的信度和效度。其中第二章作者为黄艾珍，第三章为杜陈声佩、王小文，第四章为张杏冰（大肌肉发展部分）、曾君兰（小肌肉发展部分），第五章为容燕文，第六章为张丽霞、黄洁薇。第七章至第八章收录了两所幼儿园进行评估改革的个案实例，作者分别为黄玉卿园长和黄艾珍、郭琬仪园长和杜陈声佩，内容包括幼儿园与研究小组协作试行课程本位的幼儿发展评估模式的情况、其后幼儿园自行发展园本评估模式的过程以及此模式对提升幼儿学习和发展的成效及其展望等。

随书附上本书作者编制的《儿童发展评量表》最新修订版（香港教育学院，2011），该内容依据幼儿发展特征分为五个范畴：认知、语言、体能、情感及社会性以及美感。评估表列出了在幼儿成长中须予以重视的发展项目以及每个项目的表现指标，供教师及幼儿园参考使用。评量表所提供的评估项目相当详尽，教师宜根据教学目标灵活选取相关的项目应用于教学中。笔者期望本书能协助幼教同仁提升幼儿评估的知识和技能，帮助幼儿园迈向卓越。

第一章

概　述

幼儿学习是教育的核心。由于不同的个体在学习时会有差异，教师如要因材施教，就必须先评估幼儿的学习经验。唯有通过审视幼儿的已有知识、理解力、技能、兴趣及性向，教师才能根据幼儿的需要，提供相应的指导，设计能促进幼儿学习及发展的课程（Ratcliff，2002）。由于教育评估的理论与实务受学习理论的影响，因此本章会先介绍学习理论范式的转变及其对幼儿评估的影响，然后进一步讨论幼儿教育评估的趋势，最后会介绍课程本位的幼儿发展评估模式及如何应用此模式以促进幼儿学习。

第一节　教育评估的发展

一、学习理论范式的转变

早期的学习理论，以行为学派的发展取向为主导，主要借助观察学习者的外在行为以了解及分析其学习历程。行为主义学者相信教学是知识的传递，而学习则是知识的接收，幼儿的学习过程仅反映教师教了什么内容，因此他们认为教学应由教师主导并控制整个流程。他们还强调学习行为的塑造与强化的运用，以帮助达成教学与学习的目标（张春兴，1995）。传统的教学便是以这样的教学观进行：由教师授课以传递知识，而幼儿则通过不断练习、背诵及模仿以获得新的学习内容。在评估方面，则以回忆、再认等总结性评估的形式为主，因此往往忽略了学习者的认知结构和心理过程。过去不少幼儿教育机构在评估时都先考虑便利与快捷，不但要求幼儿背诵事实，还安排标准化的纸笔测验。

在20世纪50年代，认知心理学观点兴起，心理学家从认知心理学的角度解释学习，提出教师在教学时应注意学习者处理信息的过程。近年，建构主义学习理论更进一步主张，知识是由学习者主动建构的，换言之，知识并非通过教师传授得来，而是学习者在一定的情境中（即特定的社会文化背景），借助他人（包括教师和学习伙伴）的帮助，利用必要的学习资料，通过有意义的建构获得的。由此可见，建构主义学习理论强调学习者的自主学习。美国心理学家加德纳提出的多元智能理论，不但认为人类至少拥有八种认识世界的方式，即八种能力，而且强调人类的知识表征与学习方式具有很多不同的形态（Campbell，Campbell & Dickinson，2004）。由于幼儿在学习过程中可表现出多方面的能力，因此传统模式已无法适应当代教育的需要（Meisels，2002）。

英国评估改革小组（the Assessment Reform Group，1999）将评估区分为两类：①对学习的评估（assessment of learning）；②促进学习的评估（assessment for learning）。前者是为了评定等级及记录成绩，把学习与评估分别处理，采用的是传统的总结性评估模式，后者则将评估视为学与教的重要部分，用作收集学生学习的证据，是学与教循环的一部分（图1-1），目标是帮助学生反思，改善学生的学习，同时让教师检讨和改善教学，所以不一定在教学的最后阶段进行。

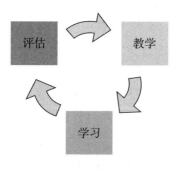

图1-1　学与教的循环

现在教育界普遍认同评估的目的是为了提升学习，因此，近年学者提倡了很多不同的评估方式，例如动态评估（dynamic assessment）、真实性评估（authentic assessment）、表现性评估（performance assessment）和档案评估（portfolio assessment）等（Gallo，2006），让学生能以多元的方式来展现其学习表现，发挥所长。

二、幼儿评估趋势

现今教育的趋势是把幼儿评估融入课程。1990 年，美国幼儿教育协会（National Association for the Education of Young Children）和各州教育部早期教育专家协会（National Association of Early Childhood Specialists in State Departments of Education）发表的一份联合声明亦指出，课程及评估必须互相结合（Horton & Bowman，2001）。这些组织的专家认为评估应该与"学与教"结合，在真实的教学环境中进行，目的是指导教学设计、帮助幼儿学习（McAfee & Leong，2002）。中国《幼儿园教育指导纲要（试行）》也强调"教育活动评估应结合教师的实际工作，自然地伴随着整个教育过程进行"（中华人民共和国教育部，2001）。香港特别行政区教育局对幼儿学习发展评估也有明确的指引，认为幼儿评估"需要在实际的环境中进行，教师需要透过观察、记录和以客观的态度来分析幼儿的能力表现"（香港课程发展议会，2006）。教师需采用过程性及总结性的评估模式，系统及持续地观察幼儿的表现，定期搜集幼儿作品等，并加以记录及分析，以理解幼儿的发展水平。同时根据所得资料适时调整课程，配合幼儿的学习需要，并将资料整合成学习历程档案，以反映幼儿的成长进度及学与教的整体效能（Horton & Bowman，2001）。

三、课程本位的幼儿发展评估模式的特点

设计幼儿教育评估时主要考虑三方面：①评估与课程内容的相关性；②评估项目或活动的真实性；③幼儿的表现（Meisels，2003）。为兼顾上述三个方面，编者建议采纳与课程结合的评估模式，其特点有以下五方面：

（1）注重教学与评估的配合；

（2）使评估活动接近真实的生活；

（3）提供让幼儿主动建构学习的机会，而非要求幼儿回答有既定答案的问题；

（4）重视评估的过程，即了解幼儿的学习特质，而非评估的结果；

（5）强调过程性评估，持续地搜集幼儿表现的例证。

四、评估工具的运用

评量表是实用的评估工具，能帮助评估者客观描述幼儿的行为。教师在进行真实评估时会遇到大量的资料，若能以量表的表现项目为分析架构，又以表现水平为参照准则，便能较客观地描述幼儿的行为，确保评估的信度。虽然幼儿是按照一定的模式发展的，但当中必存在着个别差异，因此随书附上的《幼儿发展评量表》（香港教育学院，2011）所设定三个级别的表现水平，并非以幼儿的年龄来分层，而是按幼儿行为的素质或该行为出现的频率作为成就指标。评量表也提供了开放式栏目，让评估者可列出例证或记录幼儿的行为，以增加评估的精确度。教师可把观察结果写在评量表的备注栏中。如需要更详细的记录，教师可在评量表中附上一份更详尽的描述报告，务求对幼儿的发展水平作出精确的评估。教师更可加入家长提供的资料，使信息更多元化。另一种搜集资料的方式是定期评估幼儿的作品。这些作品透露了幼儿学习的概况，展现出了幼儿的独特性以及他们的学习历程。

虽然评估工作主要由教师负责，但在评估的过程中，幼儿和家长也扮演重要角色。教师可安排幼儿自我评估学习表现，例如评价自己的美工作品，这样不但可以提升幼儿的自我表达能力，也可使幼儿更全面地了解自己的优缺点，更重视自己的学习成果。

第二节　教育评估的步骤

在实施评估方面，编者建议采纳循环模式（McAfee & Leong，2006，见

图1-2），涉及五个阶段，包括：①拟定目标及设定时间；②搜集及记录资料；③整理及总结资料；④分析资料；⑤应用资料。每次所得的资料，会作为教师制订下一个评估计划的参考。

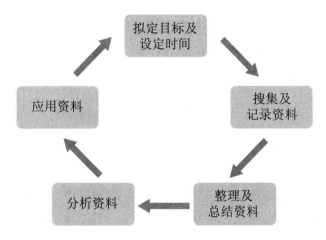

图1-2 评估的循环（修订自 McAfee & Leong，2006）

一、拟定目标及设定时间

（一）拟定评估目标

评估的最终目的，是了解和促进幼儿的学习和身心发展，因此在不同教学阶段进行的评估，应有不同的目标。

1. 前置评估

前置评估是指在教学活动前对幼儿进行评估，目的是了解幼儿以往的经验及所具备的能力。教师若在课程实施之前参考历史档案，理解该班以往的学习内容和对上年度课程的反思，便能更明确、更有效地拟定教学及评估目标。

2. 形成性（过程性）评估

形成性评估着重在教学过程中持续地评估幼儿，掌握他们在迈向学习目标的过程中的表现，目的是将搜集所得的学习及发展数据，适时回馈给幼儿，使他们看到自己努力的显著成果，强化他们的学习行为，从而促进学习。

3. 总结性评估

总结性评估是指在各主要学习时段后，例如在学习单元、学期或学年结束时，对幼儿整体学习作出评估，目的是根据幼儿的学习表现和进度，提供全面扼要的报告。

（二）设定评估时间表

为了提升系统观察的精确度，教师宜预先作好规划，包括决定观察的对象是哪些幼儿，要获取哪方面的信息，观察幼儿在哪一种学习状态里最能展现知识、技能和态度以及如何记录这些信息等。因此教师需要在学年中不同的时段进行特定的工作（表1-1和表1-2）。

表1-1 评估计划表

执行时间	评估工作
学年开始之前	• 进行前置评估 • 拟定课程目标及评估期
每段评估期间	• 设计课程及评估活动 • 实施活动计划，将评估及记录活动融入教师每日及每周例行工作中（表1-2） • 持续观察、搜集及记录幼儿的表现例证
每个评估期即将结束时	• 教师撰写评估报告 • 向幼儿及家长反馈评估资料 • 回顾评估过程，运用评估资料引导教与学

表1-2 每日教学计划

班　　别：幼儿班（三岁）①
主　　题：变色鸟：我变成了红色
教学目的：1. 帮助幼儿辨别红色及给颜色分类。
　　　　　2. 强化幼儿运用基本艺术知识的能力。
　　　　　3. 提升幼儿运用语言表达需要、感受和意见的能力。
　　　　　4. 提升幼儿四肢协调能力。

时　间	内　容	评估项目
9:00—9:15	早会	

① 香港的幼儿园分上午、下午两个不同上课时段，每个时段三小时。家长可选择入读上午、下午或全日班。一般幼儿班是指三岁班，幼低班即是四岁班，幼高班即是五岁班。如每个年龄班多于一个班，幼儿园便会把班别分为 A、B、C 或甲、乙、丙等。

续表

音乐活动		
9：15—9：40	1. 呼吸：吹气球 （1）教师假装送气球给幼儿，然后请他们一起配合节奏来吹气球。 （2）当气球吹起来后，教师弹奏下行音阶或跳音，请幼儿表演气球漏气或爆了的动作。 （3）重复玩数次。 2. 乐器 （1）教师介绍乐器的外形特征、发出的声音及玩法。 （2）教师弹奏《天父的风》音乐，请幼儿利用乐器随着音乐打出节奏。 （3）教师一面模拟变魔术，一面请幼儿辨别乐器。 3. 唱歌：《天父的风》 （1）先由教师范唱一次，再请幼儿试唱（可重复唱几次）。 （2）刮大风游戏：教师可利用二重低音（dms chord）快速弹奏模仿风声。 （3）幼儿假装寻找避风塘。 4. 音乐游戏：大萝卜 （1）教师讲《拔萝卜》的故事。 （2）幼儿进行角色扮演。	美感 1.4 运用基本艺术知识的能力（声音：长短、音色、节奏与速度） 1.5 技巧（乐器及歌唱） 语言 1.1 能聆听及理解教师的话，并适当地回应
大肌肉活动		
10：05—10：30	1. 热身活动 教师带领幼儿进行韵律操热身活动。 2. 分组活动 （1）滑梯。 （2）抛豆袋入篮（红色分类/配对）。 （3）骑自行车。 3. 放松活动 请幼儿躺在地上，听一个简短的故事。	体能（大肌肉） 1.2 四肢的协调能力（攀爬） 1.2 四肢的协调能力（骑自行车） 2.1 移动技能（走、跑） 2.2 用具操控技能（抛） 3. 肢体空间的概念 4. 乐意参与大肌肉活动 5. 进行活动时具有安全意识 体能（自理） 4.1 穿脱鞋子 4.2 鞋子归放

续表

主题活动		
10：30—11：45	1. 讲故事 教师讲述《白鸟》故事时与幼儿互动，如请幼儿帮助白鸟作抉择。 2. 延伸活动 提问故事内容，请幼儿发表意见，如教师提问有什么方法可以帮白鸟妈妈把羽毛变成红色。 4. 分组活动（每组 10 人） 尝试不同方法，包括用红色水彩、彩色羽毛、撕贴等帮白鸟妈妈把羽毛变成红色。 5. 作品欣赏	语言 1.1 能聆听及理解教师的话，并适当地回应 2.2 说话流畅，发音清晰 2.1 能运用语言表达需要、感受和意见 认知 2.1.1 解决问题的策略 体能（小肌肉） 1.3 能自如地操作手指 1.5 技巧（撕、贴、工具运用） 美感 1.1 乐于参与创作活动 1.7 能欣赏自己的作品或表演
小组活动		
11：45—12：20	1. 线条练习 2. 看图书 3. 识数活动 颜色分类。请幼儿自行决定蛋蛋人的服饰。	体能（小肌肉） 1.4 仿画 2.3 能使用笔具 语言 3.2 掌握看书的方法 3.3 理解图画、符号或文字表达出来的意念 3.4 喜欢选择书籍自行阅读 认知 1.5.1 分类
12：30	整理及放学	

资料来源：修订自崇真会美善幼稚园暨幼儿园（马鞍山）三岁班教学计划

二、搜集及记录资料

为使评估准确并具有意义，教师对各发展范畴的正确理解非常重要。幼儿在课堂内所展现的行为相当复杂，故不可能巨细无遗地全部纳入评估范畴内。教师在评估前，宜先参阅幼儿发展范畴的内容。总体来说，教师需搜集以下四方面的信息。

第一，幼儿成长及发展方面。

编者依据幼儿发展特征将幼儿成长及发展划分为五个范畴，包括认知、语言、体能、情感及社会性、美感。教师可参考本书建议的评估重点，配合课堂活动进行评估。

第二，幼儿基本能力方面。

在参与学习活动的过程中，幼儿会展现不同的基本能力，如理解、分析、解难、综合、推理、创意和沟通等（香港课程发展议会，2006）。教师宜在编排课程时，设定最能反映上述表现的评估活动。

第三，知识内容的适切性方面。

观察和分析幼儿的学习成果可反映教学目标、内容及活动的适切性，例如幼儿是否需要更多的已有经验来衔接新的经验？幼儿适应什么样的学习模式？教师在这些问题上必须作出适当的判断，才能鹰架幼儿的学习。

第四，价值观和态度的培养方面。

由于课程本位的评估模式能让幼儿在真实的教室环境下展现与文本及同伴互动的情况，教师可借此了解幼儿在学习过程中对事实与观念的分析及回应。

教师在实践课程本位的评估模式时，宜采用真实性评估方法搜集幼儿的资料，或可通过较自然的口头评估形式，针对特定发展项目搜集证据。真实性评估要借助一连串多元化的资料搜集技术，对每一位幼儿有全面的认识，以用作幼儿全人发展的参考基准。要提升评估效果，必须运用不同的技巧，自然地在课堂、园内与园外活动及每天常规性的活动中搜集资料。

三、整理及总结资料

编者主张采用成长历程档案以储存幼儿的成长记录，因为它能兼容持续性及形成性的资料。教师可按幼儿各范畴的发展作出归纳及分析，整理为全面的个人发展资料。教师也可借助家长的参与，例如请家长评价子女在家中的学习态度和行为表现，协助教师计划并执行可提升幼儿学习及成长的策略。

由于资料搜集是持续进行的，而且所搜集的资料也代表着幼儿在不同时间和场合的学习过程或结果，教师需要选择符合幼儿学习目标的、具有一定质量的作品样本存放于档案中，并适当地加上评语或注释，以作为撰写综合报告的依据。

总结性评估要求：

（1）检视幼儿学习及发展目标，确认幼儿的成就；

（2）归纳幼儿学习和发展的趋势；

（3）总结幼儿的学习特征；

（4）辨识辅导的需要。

四、分析资料

幼儿学习过程及学习成果是课程评估的依据，因此分析资料的程序必须质、量并重，并须根据以下的重要原则进行：①配合发展项目的目标；②进行多次；③包括不同类型的资料。高质量的分析，应涉及两个步骤：先作描述，然后演绎或评鉴。分析内容可着重于理解幼儿的学习过程。至于量的分析方面，应包含不同的层面，由个别幼儿的表现水平延伸至全班乃至全年级；经整理后，可以图表显示全园的数据。图1-3列举了某园幼儿阅读能力的表现，内容包括了掌握阅读图书的方法，理解图画、符号或以文字表达的意念及喜欢选择书籍自行阅读。教师通过观察所得的资料，厘定幼儿的发展水平，制成统计表，清晰地揭示各级幼儿表现水平的明显分别，反映出幼儿的阅读能力是经过学习而增长的。

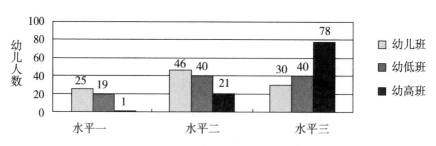

图1-3　某园幼儿阅读能力表现水平

五、应用资料

幼儿评估资料能给幼儿、课程及幼儿园这三方面的发展提供实质性的基础参照，是成长与学习的证据，能反映成长历程与学习过程的实况，对促进幼儿成长、改善教学质量及提高教育效能有决定性的作用。评估资料可用来推断幼儿成长的特征，了解其成长历程，辨别其发展需要。在课程发展方面，评估资料能用于拟定课程目标和内容，决定教学取向，服务于活动设计、资源选择、课程组织及课程改革等各方面，有助于为课程设计及实施提供反馈。至于幼儿园发展方面，幼儿评估资料有助于幼儿园作出资源运用及各项幼儿园规划，包括周年园务计划及幼儿园发展计划等，最终的目标就是提升幼儿的学习水平。

第三节　有效实施课程本位的
幼儿发展评估模式的原则

通过观察已采用课程本位的幼儿发展评估模式的幼儿园的成效以及教师实践评估的经验，我们发现该模式不但可作为教师日常评估工作的参照工具，更有助于幼教机构优化其评估制度。综合幼儿园的实践经验，要有效推行这种能促进学习的评估模式，幼儿园及教师必须恪守以下原则。

一、活动需具备游戏性、操作性并与幼儿生活相关

（一）活动富有游戏性

游戏能创造真实的评估情境，因为在游戏中，幼儿较容易展现其多元能力。例如在语言发展方面，借助游戏能增加幼儿在有意义的情境中说话的机会；在情感及社会性发展方面，游戏能让幼儿在自身、环境与他人三者间产

生互动。

（二） 活动具有操作性

要求幼儿实际操作的活动能显现幼儿思考的过程。例如教师在教室设置丰富的读写材料，便能观察到幼儿如何探索文字的意义及建构句子；幼儿参与数粒活动的情况，能反映出他对加法或减法运算的策略，或反映出他在什么地方出现障碍。

（三） 活动与幼儿生活相关

与幼儿生活息息相关的活动，能引发幼儿的兴趣，促使他们表现多方面的才能。例如教师在早会时安排幼儿轮流作"新闻分享"，这样除了让幼儿展现他的说话能力外，也反映出他对别人感受的理解力。又如在大活动室进行模拟过马路活动时，幼儿通过扮演行人、司机或交通警察，展露他的交通安全意识以及遵守规则的态度。

二、教师参与制定评估政策

要有效实施与课程结合的幼儿发展评估模式，幼儿园必须在园内课程会议上共同决定评估的方法、内容及资料处理方法，并且协调评估活动进行的时间及具体安排；在执行时必须富有弹性，以便教师能在适当的情境下进行观察，确保评估资料的准确性。在制定评估活动的步骤及指南时，宜先选取一组幼儿来试行，并作检讨、修订，然后再全面落实。学校须安排小组或课程会议，让教师分享心得，分担困难。至于具体的评估报告形式、与家长沟通的方法及面谈时间的安排等，也须周详筹划。

三、调整行政措施以配合评估的实施

进行与课程结合的幼儿发展评估模式，教师须花不少时间来搜集资料，以致工作量大增，因此幼儿园在行政上必须作出配合，以提升教师工作的效率，例如妥善处理区角和器材的使用、时间表的编排，提供专业培训，编配助教等。幼儿园管理层如能妥善调配人才及资源，便能提供更有利的条件去实施评估。

四、符合幼儿发展原则

教育的目的，是促进幼儿的"全人发展"，因此在评估幼儿的学习经验及发展时，教师须涵盖多个不同的发展范畴，分析其相互作用，同时教师还须提供足够的活动与工具，使每位幼儿都有机会参与活动，必要时鹰架幼儿的学习，使幼儿能展现最佳能力。要知道，发展是一个连续不断的过程，因此教师须在不同时段作出持续性的评估，务求对每位幼儿的发展作出准确的判断。

结　语

本章介绍了课程本位的幼儿发展评估模式的理念，并详细阐述了评估循环所涉及的各阶段的工作。由于每个幼儿的能力不同，所以评估者无论在评估前的准备还是在评估过程中的观察以及评估后的诠释时，都要保持客观，不应为幼儿设定统一的标准或把幼儿互相比较。评估者亦宜持续搜集例证，以确保评估的可信度。以下第二章至第六章，将阐释如何把五个幼儿发展范畴评估融入课程的理念及实务工作中。

极力提倡真实性评估的学者艾思纳（Eisner，1999）曾说："教育改革要从评估做起。"盼望本书能协助幼儿教育同仁掌握如何通过课堂活动，实施促进学习的评估，并成为幼儿教育机构优化幼儿评估的参照。我们更希望本书能吸引更多有志者，共同为研发适合我国幼儿教育生态的评估模式而努力。

参考资料

（1）张春兴. 1995. 教育心理学［M］. 台北：东华书局.

（2）香港教育学院. 2007. 儿童发展评量表.

（3）香港课程发展议会. 2006. 学前教育课程指引.

（4）中华人民共和国教育部. 2001. 幼儿园教育指导纲要（试行）［M］. 北京：北京师范大学出版社.

（5）曹佩珍. 2005. 幼儿行为辅导［M］. 台北：华腾文化股份有限公司.

（6）CAMPBELL, L. , CAMPBELL, B. , DICKINSON, D. 2004. Teaching and learning through multiple intelligences［M］. Boston：Pearson/ALLYN AND BACON.

（7）EISNER, E. 1999. The uses and limits of performance assessment［EB/OL］. http://www. pdkintl. org/kappan/keis9905. htm.

（8）GALLO, D. 2006. Alternative means of assessing children's learning in early childhood classrooms［M］//Spodek, B. & Saracho, O. N. Handbook of research on the education of young children. London：Lawrence Erlbaum Associates.

（9）HORTON, C & BOWMAN, B. Child assessment at the preprimary level：Expert opinion and the state trends［EB/OL］. http://www. assessment-reform-group. org. uk/publications. html.

（10）MCAFEE, O. & LEONG, D. 2006. Assessing and guiding young children's development and learning. ［M］. Boston：Pearson Education Company.

（11）MEISELS, S. J. 2003. The work sampling system—An overview［M］. New York：Pearson Education, Inc.

（12）PRETTI-FRONTCZAK, K. , KOWALSKI；K. , BROWN, R. D. Preschool teachers' use of assessments and curricula：A statewide examination［J］. Exceptional Children, 2002, 69(1)：109 – 123.

（13）RATCLIFF, N. J. Using authentic assessment to document the emerging literacy skills of young children［J］. Childhood Education, Winter 2001/2002, 78(2)：66 – 69.

（14）THE ASSESSMENT REFORM GROUP. Assessment for learning beyond the block box［EB/OL］. http://www. assessment-reform-group. org. uk/publications. html.

第二章

幼儿认知发展的评估

认知（cognition），俗称认识，包括感知、注意、记忆、思维和言语表达等方面。一般来说，认知发展是指幼儿在认识事物的过程中，如何从学习简单的事物到学习复杂的事物。幼儿所有行为都与认知有关，包括语言、情感、美感甚至手眼协调等都能通过外在行为表现出来。本章选取了一些曾参与"幼教课程本位的儿童评估模式"研究计划的幼教机构的幼儿认知发展评估样本，以阐释如何通过工具来观察、记录和分析幼儿数理逻辑、解难和创意思维的发展。

第一节　幼儿认知发展理论

严格来说，以精确或固定的形式来界定认知是不可能的（Flavell，Miller，& Miller，2001）。目前有三个学派，各自从不同的方向研究认知。这三个学派是：皮亚杰（Piaget）理论、信息加工理论（Information Processing Approach）和心理测量学（Psychometric Approach）。

一、皮亚杰的认知发展理论

皮亚杰（1896—1980）的理论是 20 世纪中应用得最为广泛的幼儿认知发

展理论。皮亚杰认为，幼儿是通过不断的同化（assimilation）和顺应（ac-commodation），在从不适应到适应（adaptation）、不平衡到平衡（equilibration）的循环过程中，发展出从简单到复杂的认知结构图式（schema），从而扩充和发展其认知能力的（Piaget，1962）。幼儿的认知发展分为感觉运动期、前运算期、具体运算期和形式运算期四个阶段，每个发展阶段都有其典型的发展特征。

二、信息加工理论

所谓信息加工，是把人们的认知过程当做信息加工的过程来研究。这个理论把认知准确地分解成不同部分，并对每一个部分进行彻底研究，揭示了各种认知改变机制。这一学派认为，人脑就像一部电脑，由软件和硬件两个部分组成。硬件是指驱使脑部运作的脑力及神经中枢结构，其中包括感官记忆、运作记忆和长期记忆三部分。从外界接收的信息，可由感官记忆经过认知活动，转化成为运作记忆，然后对信息作出反应，这些经验亦可保留成为长期记忆，然后在有需要时提取，以解决问题（Kail，R. V.，2006；Santrock，J. W.，2007）。软件是指有组织的认知过程，它使人能完成特定的工作（如打篮球）。脑力软件包括四个步骤：①理解问题；②搜寻相关记忆；③与过往的问题比较；④作出反应。

幼儿不断成长，他的信息处理活动也与日俱增。能促进幼儿认知发展的因素包括：更好的信息处理策略，更强的记忆能力，更强的信息处理能力，更强的信息自动处理能力，更快的信息处理速度。

三、心理测量学

这一学派认为认知就是智力，可用工具来评量。不过大家对智力的看法也并不一致。有人认为智力是指一般的认知能力，是感知、观察、注意、想象、记忆、思维和言语表达等活动的综合表现（张春兴，1995）。也有人认为智力是指学习的能力，是在获取知识和经验中所表现出来的能力。还有学者认为，智力是解决问题的能力，是在运用知识和经验解决问题时所表现出来的能力。由于对智力的定义不同，其评估的工具也不尽相同。

从以上各派别的研究重点可以看到，对于什么是认知，学术界还没有取得共识。虽然如此，我们还是可以从这些理论当中看到认知所涉及的范围和它们之间的关系。幼儿认知发展评估的内容和方法，亦各有不同。信息加工理论学派和皮亚杰认知发展理论中的部分内容，如顺应及平衡等，大多集中于对认知过程的描述，而怎样观察和评估这些认知过程，则一直未被广泛应用到实际操作中。

尽管如此，皮亚杰（1962）对于幼儿认知发展阶段的描述，还是被视为评估幼儿认知发展的依据。例如在感觉运动期，幼儿的主要认知特征是依靠动作获得感觉，从而认识自我和世界。这个阶段的幼儿，其空间知觉只限于眼前，而时间知觉也仅限于现在。当幼儿能够用符号和表象来认知的时候（如借用字和符号来说明外在世界、表达自我感受；把椅子当做车，以一物代替另一物），便意味着他们已达到认知发展的第二个阶段，即前运算期。在前运算期阶段，幼儿认知的特点具不可逆性（irreversibility），且缺乏守恒性（non-conservation）。一般来说，皮亚杰的一系列守恒实验，如重量守恒、液体守恒、数量守恒、长度守恒、面积守恒和数量守恒等，都是评估幼儿认知发展的重要方法和指标。

智力测验是心理测量学用来评估认知发展的方法，主要以 IQ 分数作为衡量幼儿认知发展的指标，通过测验来考查幼儿的学业知识和学习能力。中国韦氏幼儿智力量表（龚耀先，戴晓阳，1992）便分为言语测验和操作测验两个部分。这些测验内容多反映语言、数学和常识内容，也测试幼儿的观察、记忆、理解和推理能力等。这些智力评估方法最大的功能是辨识有特殊需要的幼儿，然而这些规范化的测验形式和问题实在难以模拟真实生活的复杂性，而且各问题有惯常并通用的标准答案，故不利于创意的表达。幼儿教育学者多认为评估应结合实际的教学情境，由教师设计一种能反映出个别学习的评估方式，以检测幼儿学习历程和个别能力的差异。

第二节　课程与认知发展评估的结合

笔者在研究幼儿认知发展量表的编制和取向时，主要考虑三个方面：①以《表现指标（学前机构）儿童发展范畴》为蓝本；②主要参考认知心理学派的核心理论；③参考《学前教育课程指引》（2006）。

一、检视评估重点及表现项目

本研究重新整理了《表现指标（学前机构）儿童发展范畴》的蓝本，把原有的内容进一步系统化和条理化。这些内容集中体现了皮亚杰的认知理论和心理测量学派所提及的认知发展内容，如观察、总结、理解关系、解决问题能力中的数理逻辑思考等。同时，这些评估内容也跟香港幼儿学习范畴相配合，与香港学前机构所普遍推行的数学、科学与科技学习活动相呼应（表2－1）。

表 2－1　认知发展表现项目

重　点	表现项目		
1. 数理逻辑	1.1 观察和发现事物的特征		
	1.2 比较异同		
	1.3 理解事物之间的关系		
	1.4 理解及掌握基本的数学知识	1.4.1	度量
		1.4.2	数字与数量
		1.4.3	时间
		1.4.4	空间
		1.4.5	形状
		1.4.6	简单运算

重　点	表　现　项　目		
1. 数理逻辑	1.5 理解及掌握基本的数理逻辑关系	1.5.1	分类
		1.5.2	排列
		1.5.3	型式
	1.6 数学概念运用		
2. 解难和创意思维	2.1 解难	2.1.1	解决问题的策略
		2.1.2	坚持性
		2.1.3	汇报及评估
	2.2 创意	2.2.1	对待新事物
		2.2.2	创新性

认知发展的重要指标有二，一是数理逻辑能力，二是解难及创意思维能力。评估范畴包含以下主要的评估重点和表现项目。

（一）数理逻辑

1. 幼儿观察力

数理逻辑的三个项目本质上是从易到难的，例如 1.1 项专注于单一的事物，1.2 项涵盖面比第一项广且牵涉的事物较多，而 1.3 项更要求幼儿具有一定的抽象思维能力（表 2-2）。

表 2-2　幼儿观察力的表现项目

重　点	表　现　项　目	
1. 数理逻辑	1.1	观察和发现事物的特征
	1.2	比较异同
	1.3	理解事物之间的关系，如因果关系

2. 幼儿数学知识、数理逻辑关系及概念运用

幼儿的数学学习和数学思维是他们认知发展的重要表现指标之一。2—6岁幼儿的数学学习表现评量主要有三个方面（表 2-3）。

第一，理解及掌握基本的数学知识（项目 1.4）：评估项目主要根据学前数

学教学内容制定，包括度量、数字与数量、时间、空间、形状和简单运算。

第二，理解及掌握基本的数理逻辑关系（项目1.5）：侧重评估幼儿理解数量关系的能力和数学思考过程，主要通过分类、排列和型式等三方面作评估。

第三，数学概念运用（项目1.6）：评估幼儿在日常活动中运用基本数学知识和基本数理逻辑的能力。

表2-3 幼儿数学知识、数理逻辑关系及概念运用的表现项目

重　　点	表　现　项　目	
1. 数理逻辑	1.4	理解及掌握基本的数学知识
	1.5	理解及掌握基本的数理逻辑关系
	1.6	数学概念运用

（二）解难和创意思维

1. 解难

幼儿解决问题的策略及创意的表现，可从特定环境（如科学、数学学习活动）中或非特定环境（如日常生活）中观察得到。有时通过单一事件可同时看到幼儿解难及创意的不同水平。一般幼儿教育机构会运用既定的课程（特定环境）及随机的课程（非特定环境）进行幼儿发展评估。无论采用哪一种课程，教师在评估过程中，都要投入时间、创设空间去细心观察，因为充裕的观察时间和空间，不仅对教师重要，对幼儿也同样重要。

解难包括三个项目（表2-4）。

第一，解决问题的策略（项目2.1.1）。在生活上，幼儿时刻都会遇上难题，而解决问题的能力也会随着成长和技能的发展而增加。认知发展不成熟的幼儿常用直觉去解决问题，所以也常遇到挫折。认知发展较成熟的幼儿，因为能用已有的概念作出判断及推理，因此面对一些较复杂的问题时，会作出系统解决困难的计划，或会随机应变，表现出灵活性，甚至改变原有计划去解决问题。

第二，坚持性（项目2.1.2）。解难需要坚持，因此教师要知道幼儿遇到困难时能否坚持继续完成工作。

第三，汇报及评估（项目2.1.3）。完成学习活动后，应让幼儿汇报。幼

儿可用不同方式汇报自己做过的工作，例如在过程中学到什么，所得到的答案是什么等。

表 2 - 4　解难的表现项目

重　　点	表 现 项 目		
2. 解难和创意思维	2.1 解难	2.1.1	解决问题的策略
		2.1.2	坚持性
		2.1.3	汇报及评估

2. 创意

创意包括以下两个表现项目（表 2 - 5）。

第一，对待新事物（项目 2.2.1）。对待新事物，首先要具备愿意面对和尝试的态度。例如教师介绍仙人掌时，会有些小朋友不愿意触摸。小朋友对身边新事物有兴趣，愿意去发现、探索的话，就是水平一——例如在教师展示植物时，幼儿主动用五官去探索。倘若幼儿对身边的新事物产生好奇心，他一定会进一步对所观察到的事物提出问题及意见。

第二，创新性（项目 2.2.2）。创新是一种创造和采用新知识的过程。幼儿在日常学习时会反映出是否能用新想法和方法来反映事物。

表 2 - 5　创意的表现项目

重　　点	表 现 项 目		
2. 解难和创意思维	2.2 创意	2.2.1	对待新事物
		2.2.2	创新性

二、资料搜集与存档

教师一般可通过非特定环境和特定的学习安排来开展评估。所谓非特定环境的评估，是指随机的课程，如方案教学及幼儿的自选活动等。在这些情境下，教师多采用自然观察和逸事记录的方法，随机观察幼儿的表现。但由于缺乏系统和计划，非特定环境的评估未必能全面呈现教师需要了解的幼儿发展表现，因此教师也需要通过特定环境的学习，即既定的课程，有目的地针对幼儿某一方面的发展进行观察和评估。就特定环境下的评估而言，教师多采用事件观测和记录法。本章下一节将以科学及数学活动为例，阐述与幼儿认知发展相关的评估准则和评估方法，并解释如何搜集幼儿认知发展的例证。

（一）非特定环境的评估

幼儿在自由创作活动中，表现出能理解日常生活中物体的形状，并能运用有关知识完成活动，以下是几位教师的观察手记。

炜炜利用纸盒制作房子，并用硬卡纸折出三角形的屋顶，然后剪出不同形状的颜色纸作装饰。他用两个长方形拼合成可开关的门，用多个正方形拼合成窗，并用三角形贴在房子的中央位置作防盗器。

祖耀利用不同形状的彩色玩具，自发地玩排列游戏。他用的是四个一组的方法。

在进行特别活动"大食会"时，铭泽把同学们带来的零食分类，并摆放在不同的篮子内。他按包装分类，把零食分为散装及独立包装两类。

在进行特别活动"大食会"时，婧岚将零食按味道（甜、咸）分类。她把糖果及巧克力放在一篮，并把薯片、紫菜等放进另一篮内。

（二）特定环境的评估

幼儿通过与周遭环境互动而不断建构新概念和巩固已有的知识。幼儿的外显行为多能体现认知能力的转变及水平。

本书附上的认知发展评量表列出了认知范畴的表现项目及发展水平，每个评估项目各有三个表现水平：水平一以直觉行动为思维手段；水平二以感观探索为主；水平三则要求较成熟的数理逻辑能力，能掌握事物的关系。

教师如能适当提供学习活动，就基本上能较全面地评估幼儿的学习表现。教师应在制订教学计划的时候便把特定环境的评估考虑在内，例如选择什么内容、把评估安排在活动的哪个环节中。表2-6是教师在阅读故事《瘦皇后》之前，预先计划的评估安排。教师尝试通过一边阅读故事一边提问的方式，观察和记录幼儿理解有关数学概念的情况。她利用三种符号"✓""〇""▲"分别代表幼儿反应的三种水平。这样，教师在同时进行观察和记录时，可简化记录的过程，记录更多幼儿的表现。

在预先计划的评估中，主要评估幼儿理解空间和数量概念的水平。观察幼儿怎样回应问题，可以看到他们在怎样的水平上理解相关的空间概念和数量概念。例如教师想了解幼儿的空间概念，就会问："皇后把胖国王的食物藏在哪儿？"或"书架在哪里？"若幼儿回答说"皇后把汉堡包放在书架内""书架在餐桌的后面"，这便反映幼儿能以客体为中心理解空间位置（以"〇"来表示该幼儿的反应，属于水平二）。

表 2-6　借助阅读故事《瘦皇后》进行评估

教学计划		预期幼儿反应	水平一 ✓	水平二 ○	水平三 ▲
故事内容	提问				
● 阅读故事《瘦皇后》	● 皇后把胖国王的食物藏在哪儿？	● 食物的位置	● 空间：以自我为中心	● 空间：以客体为中心	● 空间：理解和应用常用的空间概念
● 讨论有关的故事情节	● 一天要吃几餐？	● 进食的次数	● 数量：理解 5 以内的数量	● 数量：理解 10 以内的数量	● 数量：掌握数量的基本特征
● 讨论饮食时应注意的事项	● 何时进食？	● 进食的时间	● 时间：能辨别早晨和晚上，白天和黑夜	● 时间：能辨别和初步应用简单的时间概念	● 时间：能辨别和应用一些常用的时间概念

第三节　幼儿认知发展评估示例

下文通过几个科学及数学活动示例，阐释教师如何通过观察来理解幼儿的思考过程。

一、幼儿观察力（比较异同、理解事物之间的关系）

（一）观察和发现事物的特征

三岁班的陈老师正进行一个名为"动物（小乌龟）"的主题活动，目的是让幼儿认识乌龟的外形特征及习性。陈老师在科学角摆放了两只小乌龟给幼儿观赏。在自选活动时，陈老师记录了班上两名幼儿轩轩及恩恩在科学角的对话。

示例1：观察和发现事物的特征

幼儿姓名：曾 x 轩　　　观察日期：21－11－20xx

时间：3：30—4：10 p.m. 活动：计划活动（小乌龟）

恩恩：轩轩，你看有两只乌龟呀！

轩轩：是呀。一只较大，另外一只较小！

恩恩：很有趣呀！

轩轩：大的这只颜色较深，小的这只颜色不同，身上的颜色好像被洗过似的。

恩恩：它可能经常洗澡吧！

轩轩：对呀！（两人哈哈大笑）

恩恩：它有很多只脚呀！

轩轩：1、2、3、4，有4只脚呀！真厉害！还有一条尾巴，不过很短！

恩恩：哗！你看大龟的脖子！

轩轩：很长呀！好像一条蛇！嘴巴有点红色！

恩恩：不是蛇，是乌龟呀！

轩轩：你看，它的嘴巴是红色的！

恩恩：可能是流的血吧！

轩轩：它们刚才可能打架，没有相亲相爱。

轩轩：你看看小乌龟，它的尾巴很长，比大乌龟长呀！

恩恩：是呀！好像一条绳！

轩轩：它们都不一样。

恩恩：为什么大乌龟整天在爬行，小乌龟却不是那样呢？

轩轩：小乌龟可能没有力气！你看，它伸长脖子望着你。

恩恩：它们的脖子都很长。

轩轩：对呀！（尝试伸长自己的脖子）

恩恩：我们都不是乌龟！（两人又哈哈大笑）

　　陈老师察觉到两位幼儿都能发现乌龟的主要身体特征，包括头、四肢和尾巴的特征，甚至注意到各部位的颜色。他们运用单一感官，通过观察认识了乌龟的多种特征，并推断出乌龟身体颜色深浅不同的原因，即它们"常常洗澡"；看到乌龟的嘴巴是红色的，就推断它们的嘴巴正在流血，而且那可能是因为打架而造成的，进而批评它们没有相亲相爱。

相片1 轩轩把他对小乌龟的印象画在纸上

虽然轩轩和恩恩都能主动观察，并发现同一事物多方面的特征，但他们只采用了直观判断，而没有运用其他感官，如借着触摸去探索其他特征，也没有对小乌龟打架而导致嘴边流血的假设作进一步的验证和探索。他们表现的只是三岁幼儿典型的直观思维，未能运用其他方式思考和探索事物的深层特征，因此教师把上述两名幼儿的表现评为水平一（表2-7）。

表2-7 观察和发现事物的特征评估举例

重　　点	表现项目	表现水平		
		水平一	水平二	水平三
1. 数理逻辑	1.1 观察和发现事物的特征	发现事物的明显特征　☑	采用一些简单方法，发现事物的特征　☐	通过有目的、有计划、有系统地探索，发现事物的特征　☐

（二）比较异同

教师也可从幼儿怎样比较两种不同事物看出他们的认知水平。轩轩和恩恩在观察小乌龟时，不需要想很久，便能发现两只乌龟在颜色、尾巴、动态和外形等方面的不同，因此在项目1.2"比较异同"方面，教师评定他们为水平一（表2-8）。

表 2-8 比较异同评估举例（一）

重 点	表现项目	表现水平		
		水平一	水平二	水平三
1. 数理逻辑	1.2 比较异同	比较事物之间明显的异同 ☑	采用一些简单方法，比较事物之间的异同 ☐	通过有目的、有计划、有系统地探索，比较事物之间的异同 ☐

假如比较一些较难发现的异同，幼儿便需要运用五种感官——眼、手、耳、鼻、口——去分辨。教师要在评估前创设有利于幼儿探索的学习环境，提供适当的材料给幼儿操作，并在旁观察和引导，使幼儿能达至最近发展区。例如在示例 2 中，三岁班的郭老师会经常提供实物，鼓励幼儿用五官去探索。以下是郭老师对班中幼儿颖伦的观察。

示例 2：比较异同

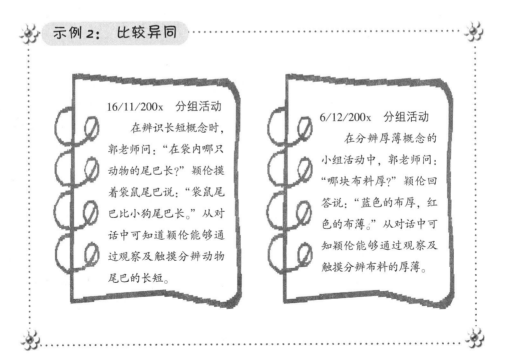

16/11/200x 分组活动

在辨识长短概念时，郭老师问："在袋内哪只动物的尾巴长？"颖伦摸着袋鼠尾巴说："袋鼠尾巴比小狗尾巴长。"从对话中可知道颖伦能够通过观察及触摸分辨动物尾巴的长短。

6/12/200x 分组活动

在分辨厚薄概念的小组活动中，郭老师问："哪块布料厚？"颖伦回答说："蓝色的布厚，红色的布薄。"从对话中可知颖伦能够通过观察及触摸分辨布料的厚薄。

相片2　颖伦能通过观察、触摸和操作来分辨布料的厚薄

由于教师提供相关物料给幼儿操作，并在学习过程中加以引导，幼小的颖伦也能通过观察、触摸及操作来分辨动物尾巴的长短和布料的厚薄，在项目1.2"比较异同"的表现达至水平二（表2-9）。可见教师如何创设互动的学习环境，对鹰架幼儿的学习非常重要。

表2-9　比较异同评估举例（二）

重　　点	表现项目	表现水平		
		水平一	水平二	水平三
1. 数理逻辑	1.2 比较异同	比较事物之间明显的异同 □	采用一些简单方法，比较事物之间的异同 ☑	通过有目的、有计划、有系统地探索，比较事物之间的异同 □

（三）理解事物之间的关系

在"大自然的天与地"主题活动中，幼儿经常一起到户外观察大自然中的生物，感受大自然的气息。他们对叶子充满兴趣，会很留意青草或树叶的变化，还注意到树叶被大风吹起时的动态。示例3是三岁班教师搜集的幼儿靖蓝在理解事物之间关系时的表现。

示例3： 理解事物之间的关系 ·

在一次音乐律动中，三岁的靖蓝主动扮演树上的叶子，更提议同学扮演风。当树叶被风吹动时，她便把高举双手，扭动身体，然后她兴奋地说："刚才只是微风。如果是大风的话，树就会摇得很快很快，最后叶子便会掉落地上，好像外面咖啡色的叶子，它们都掉下来了！"

靖蓝在户外观察时，能注意到树叶的摆动与风有关，会比较大风和微风对树叶的影响。她能多次运用直观方法，理解事物的因果关系，即大风会令树叶掉落到地上，但是她仍未意识到可通过操作或假设去探索落叶的其他原因。因此她在项目1.3"理解事物之间的关系"的表现处于水平一（表2－10）。这个示例是一项典型的非特定环境评估，因为教师是通过随机的自然观察及逸事记录等方式来进行这项评估的。

表2－10 理解事物之间关系评估举例

重 点	表现项目	表现水平		
		水平一	水平二	水平三
1. 数理逻辑	1.3 理解事物之间的关系，如因果关系	发现事物间的简单关系 ☑	通过观察和简单操作，发现事物间的关系 ☐	通过观察、假设/推理/操作等探索过程发现事物间的关系 ☐

二、数学概念的理解和应用

用相同的数学评估准则，评估幼儿的数学学习水平，能让教师更清楚地观察每个幼儿的表现和不同幼儿的个别差异，从而按幼儿发展的水平施教，促进幼儿发展。

（一）度量

示例4：数学概念的理解和应用

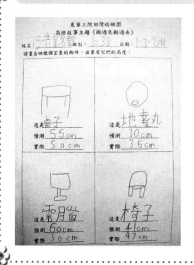

铭泽利用纸尺度量室内的物体，并用纸尺跟同学度量的物体比较长短。这说明他能用简单的度量单位比较事物的差异，也能运用度量解决日常生活中的问题。所以在"度量"和"概念运用"两个项目上，均可以评为水平三。

表 2 –11　度量评估举例

重　点	表现项目		表现水平		
			水平一	水平二	水平三
1.数理逻辑	1.4 理解及掌握基本的数学知识	1.4.1度量	能直观比较事物形状、速度、重量、数量的差异，如大小、长短、轻重、快慢、多少 ☐	能在简单称量基础上比较事物数量的差异 ☐	能用简单或自制的度量单位，比较事物的差异 ☑
	1.6 数学概念运用		能运用数学语言（如大小、长短、轻重等）描述日常事物 ☐	能运用数学语言及数数、数字等数学概念解决日常生活中的问题 ☐	能运用数数、数字、运算和其他数学概念解决日常生活中的问题 ☑

（二）数字与数量

示例5：数字与数量（一）

乔乔能对20以内的数字和数量作出正确的配对，这说明她能认识数字与数量的对应关系，所以评为水平二。

晴晴用皱纹纸搓成多颗圆球，说："我正在搓巧克力豆，现在我有19颗了！"这说明她能手口一致计数事物的数量，所以评为水平二。

表 2-12　数字与数量评估举例（一）

重　点	表现项目		表现水平		
			水平一	水平二	水平三
1. 数理逻辑	1.4 理解及掌握基本的数学知识	1.4.2 数字与数量	• 能口手一致计数 3—5 • 认识 1—5 的序数（能用手指数出 1—5，并能用口读出） □	• 能口手一致计数 1—10 • 认识 1—10 数字与数目的对应关系（能用手指数出 1—10，并能用口读出） ☑	• 了解 10 以内数字与数量的基本特性（如单双数、前后数） □

示例6：数字与数量（二）

制作手工腰带时，铭坚在腰带上画了30个图形，然后他能用两个一数的方法向教师数出图形数量。这说明他了解集合数的特征，所以评为水平三。

表2-13　数字与数量评估举例（二）

重点	表现项目	表现水平		
		水平一	水平二	水平三
1. 数理逻辑	1.4 理解及掌握基本的数学知识	1.4.2 数字与数量	• 能口手一致计数3—5 • 认识1—5的序数（能用手指数出1—5，并能用口读出） □	• 能口手一致计数1—10 • 认识1—10数字与数目的对应关系（能用手指数出1—10，并能用口读出） □	• 了解10以内数字与数量的基本特性（如单双数、前后数）☑

（三）空间

示例7：空间

谦谦能运用上下、高低概念说出水果在树上的位置。他说："苹果在树上面，梨在树下面。最高的是苹果啊！"这说明他能以客体为中心分辨和应用上下、高低的概念，所以评为水平二。

表 2 - 14　空间评估举例

重　　点	表现项目		表现水平		
			水平一	水平二	水平三
1. 数理逻辑	1.4 理解及掌握基本的数学知识	1.4.4 空间	以自我为中心分辨上下、前后、里外等概念 □	以客体为中心分辨和应用上下、前后、高低、里外等概念 ☑	理解和应用一些常用的空间概念 □

（四）　形状

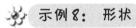 示例8：形状

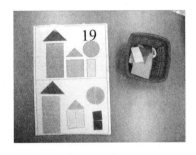

　　颖颖能说出自己拼图中所有形状的名称，并说出两个正方形能拼成长方形，两个长方形能拼成正方形，两个半圆形能拼成一个圆形。这说明她能够探讨及认识一些形状之间的关系，所以评估为水平二。

表 2 - 15　形状评估举例

重　　点	表现项目		表现水平		
			水平一	水平二	水平三
1. 数理逻辑	1.4 理解及掌握基本的数学知识	1.4.5 形状	认识基本形状的名称和简单特征 □	● 认识一些生活中常见形状的名称和特征 ● 能初步探讨及认识一些形状之间的关系 ☑	● 认识常见形状的名称、特征和它们在生活中的应用 ● 能较为广泛地探讨及认识常见形状之间的关系 □

（五）分类

示例9：分类

　　雪琳把鞋子做了两次分类。第一次把球鞋放在一起，第二次把高跟鞋放在一起。这说明她能够按物体的两种以上外部特征分类，所以评为水平二。

表2-16　分类评估举例

重　点	表现项目		表现水平		
			水平一	水平二	水平三
1. 数理逻辑	1.5 理解及掌握基本的数理逻辑关系	1.5.1 分类	按物体的一种外部特征分类（如形状、颜色等）☐	按物体的两种或以上外部特征分类 ☑	按物体的多种特征分类 ☐

（六）排列

示例10：排列

　　澄澄能按长短对五条围巾进行排列。这是按照一个特征对物体进行排列，所以应该评估为水平二。

表 2 – 17 排序评估举例

重　点	表现项目	表现水平		
		水平一	水平二	水平三
1. 数理逻辑	1.5 理解及掌握基本的数理逻辑关系 1.5.2 排列	能排列同质的 3 个以内的物体 □	能按一项指标如时间、量、数等排列 5 个或 5 个以内的物体 ☑	能按多种指标排列 5 个或以上的物体 □

（七）型式

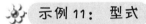

示例 11：型式

君君利用四种不同的拼插玩具重复单一的型式，所以评为水平一。

表 2 – 18 型式评估举例

重　点	表现项目	表现水平		
		水平一	水平二	水平三
1. 数理逻辑	1.5 理解及掌握基本的数理逻辑关系 1.5.3 型式	认识及扩展简单的型式 ☑	扩展较复杂的型式或自行创作简单的型式 □	自行创造较复杂的型式 □

三、解难及创意思维

（一）解难

1. 解决问题的策略

解决问题的策略分为三个水平，水平一是用已有的经验解决相同的问题；

水平二是以已有的概念解决类似的问题；水平三是运用已有概念去判断、推理、分析，从而解决新的问题，取得的经验可以用于解决相同、类似及新的问题。

示例 12： **解难**

教师在一个环保教育活动中，请幼儿设计一张传单表达"地球生病了"的信息。教师发现有一个幼儿在传单上把"不准抛垃圾"写为"不淮抛垃圾"，便与儿童一起讨论如何取走那多出来的一点。明明立即说："我有办法，就是用橡皮擦。"另一个儿童卫卫附议。于是他们一起从书包取出橡皮擦那一点。可是，他们用了一分钟也擦不掉。当这个方法不能解决问题时，伟伟便说："写错字越快擦掉越好。"过了一会儿，小莉提出一个新想法，说："多出来的一点是用橙色笔画的，所以可以用橙色笔画一个太阳遮盖它。"伟伟运用已有经验解决问题，属解决水平一。而小莉能运用对橙色概念的认知解决新问题，即画上橙色水果图案就可以遮盖多出来的一点，而且又可以美化传单，属解难水平二。上述例子可说明在同一活动中，教师可以评估多位幼儿的解难能力。

表 2 - 19　解决问题的策略评估举例

重　点	表现项目	表现水平		
		水平一	水平二	水平三
2. 解难和创意思维	2.1 解难　2.1.1 解决问题的策略	能运用已有经验去解决相同的问题 （伟伟）☑	能运用已有的概念或经验对事物进行简单的分析以解决类似的问题 （小莉）☑	能从已有的概念或经验对各事物进行判断、推理和分析以解决新的问题 ☐

2. 坚持性

解难需要坚持，因此教师要了解幼儿遇到困难时能否坚持继续完成工作。以下是一位教师对五岁班洛琳（示例13）和伊敏（示例14）的观察记录。

示例 13：坚持性（一）

教师对洛琳的观察记录

剪纸活动　5/1/200x

　　剪出一个简单的对折图案后，洛琳充满成功感，所以开始尝试剪一些比较复杂的图案，直到成功剪出图案后才肯离开。

钱币拓印画活动　3/5/200x

　　洛琳觉得这一幅拓印画是一幅向难度挑战的作品，因为星星的尖角很多，她也能利用钱币逐渐印出。洛琳说："虽然有点困难，但很有挑战性！"

观察区旗、区徽　24/4/200x

　　洛琳在画区徽时，遇到书写徽章上文字的问题，但她依然努力尝试直到把字写完。

钱币拓印画　3/5/200x

　　洛琳完成作品后，跟其他小朋友比较，发现自己在拓印时因为力度不够，拓印得不清楚，因此她继续尝试，直到印出较清楚的钱币为止。

示例 14： 坚持性 （二）

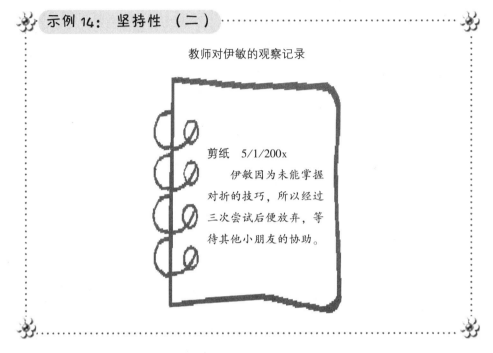

教师对伊敏的观察记录

剪纸　5/1/200x

伊敏因为未能掌握对折的技巧，所以经过三次尝试后便放弃，等待其他小朋友的协助。

从几个单一事件中，我们同时看见幼儿的坚持性存在个别差异。在两个不同的学习情境中，教师发现伊敏未能完成工作便放弃了，因此伊敏的坚持性是水平一。反观洛琳在几次不同的活动中，每当遇上困难，都会用话语自我激励，勇于向困难挑战，而不要求帮忙，坚持完成工作，因此教师评她的坚持性为水平三（表2–20）。

表 2–20　坚持性评估举例

重　　点	表现项目	表现水平		
		水平一	水平二	水平三
2. 解难和创意思维	2.1 解难	2.1.2 坚持性		
		能把简单的工作完成 （伊敏）☑	当遇到困难时，仍能继续完成工作 □	持续工作，离开后仍会回来继续把工作完成 （洛琳）☑

3. 汇报及评估

完成学习活动后，应让幼儿作汇报。幼儿可用不同方式汇报自己做过的工作，例如在过程中学到什么，所得到的答案是什么等。如果幼儿使用简单的单一形式，如口述、绘画、实物记录等，便属水平一；如果幼儿能够运用多于一种的表达形式（例如口头报告加上实物记录、图像等），便属水平二；水平三则不单形式多样，而且是记录全面，并能清楚说出活动的结果，提出改善建议。

高班教学中有一项科学探究活动，目的是认识生熟蚬的变化及盐对蚬的影响。活动过程中会加入不同分量的盐，然后观察盐使蚬发生了什么变化。教师要求幼儿利用图表、照片及文字记录下学习所得。以下分别是五岁的昊骏和伊敏的记录及对他们学习的描述（表2-21）。

示例 15： 汇报及评估

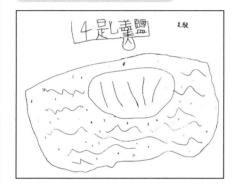

昊骏只能运用简单形式记录对蚬的观察（水平一）。

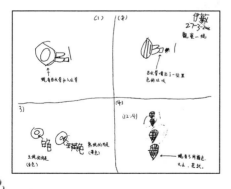

伊敏能运用多种形式记录和汇报对蚬的观察情况，表达清晰（水平三）。

表 2-21　汇报及评估举例

重　　点		表现项目	表现水平		
			水平一	水平二	水平三
2. 解难和创意思维	2.1 解难	2.1.3 汇报及评估	能运用单一形式记录、汇报（如口头或利用图像、实物记录等） （昊骏）☑	能运用多种形式记录、汇报（如口头或利用图像、实物、文字、作品、表演形式等记录） 能评估活动的结果 □	记录内容全面，汇报形式多样化 能评估活动的结果并提出改善建议 （伊敏）☑

（二）创意

1. 对待新事物

对待新事物，首先要具备愿意面对和尝试的态度。三岁的幼儿小慧对身边新事物有兴趣，愿意去发现、探索，就是水平一（表 2-22）。

表 2-22　对待新事物评估举例（一）

重　　点		表现项目	表现水平		
			水平一	水平二	水平三
2. 解难和创意思维	2.2 创意	2.2.1 对待新事物	愿意尝试新事物 ☑	对新事物提出问题，并对相关的活动提出建议 □	对新事物有丰富的想象，并对相关的活动提出建议 □

示例16：　对待新事物

倘若幼儿对身边的新事物产生好奇心，他一定会进一步提出问题及意见。五岁半的晓华在"春天"的主题活动中，留心听莫老师介绍怎样种植葱头。讲解完后，教师便让幼儿轮流种植葱头，并请他们为自己的葱头命名。轮到晓华时，她说："我看见同学在盆子里铲四次泥便把葱头埋好，我也要铲四次，让我这盆NDS健康地成长。"（NDS是她最喜欢的游戏机）最后晓华也提醒同学要小心地盛泥土，免得把地方弄脏。

晓华面对新事物显得兴奋，并且能对同伴的行为提出意见，对葱头的命名也具原创性，反映出她愿意尝试新事物，努力观察和实践，故教师评她为水平二。

表2-23　对待新事物评估举例（二）

重　点	表现项目	表现水平		
		水平一	水平二	水平三
2.1 解难和创意思维	2.2 创意 2.2.1 对待新事物	愿意尝试新事物 □	对新事物提出问题，并对相关的活动提出建议 ☑	对新事物有丰富的想象，并对相关的活动提出建议 □

2.创新性

创意需要有创新性，在简单的模仿外，还加入新的变化，这就是水平一。水平二是运用已有的知识并加入新的变化，而水平三就是活动计划和进行方式及结果与众不同。

示例 17：创新性

五岁班在一个"布的设计"分组活动中讨论运用布料创作一些东西。在讨论过程中，子如提出很多不同的想法，如用布做衣裳、蝴蝶、海龟和布娃娃等。可见她的思维相当流畅，思潮如涌。当同伴建议做衣裳时，她又提出可以做日本服装，而且描述了日本服装的做法。她不但能归纳同伴的意见，还能建议用举手投票的方式决定用布创作多少件作品。她对一个只懂得拾人牙慧的同伴丞轩显得有点不耐烦，对他说："你总跟着别人说，人家说什么你就说什么，唉……"后来所有组员决定造四件东西，其中要做一块花布，她建议每位组员在布上加一些图画，这可见她计划创作的方式与众不同，教师给她的创新水平为三。

表 2-24　创新性评估举例

重　　点	表现项目	表现水平		
		水平一	水平二	水平三
2. 解难和创意思维	2.2 创意	2.2.2　创新性	能在简单模仿的基础上，加入一些新的变化　□	能运用已有的知识技能，并加入一些新的变化　□	活动的计划和进行方式及结果与众不同　☑

第四节　评估资料的应用

从前面的示例中，我们可以看见教师通过观察考查了每个幼儿的发展水平和学习特征。评估的价值在于教师能运用这些资料引导幼儿把潜能提升至较高水平。例如示例 1 的轩轩和恩恩都能主动观察，但他们只采用了直观判断，而没有运用其他感官来发现事物的特征。

　　轩轩看到大龟的嘴是鲜红色的，便不假思索地推断它是因打架而受伤流血，并没有进一步去探索原因。教师若能适时介入，鼓励幼儿用其他感官去探索事物的其他特征，例如用手触摸小龟的嘴巴，感觉一下它是不是在流着红色的血；或请他们用刷子刷刷龟背，看看会不会褪色——这样便能让幼儿明白，可以从不同角度去了解事物的特性，而不是只靠看外观。

　　示例 3 的另一位三岁幼儿靖蓝在"理解事物的关系"上的表现处于水平一。为什么树会落叶？对一个三岁的小孩而言，这个自然现象太深奥了，不必要求他们在这阶段完全理解，但教师可引导幼儿理解树叶跟其他植物一样，如果缺少基本的生长要素便会枯萎。教师也可在室内摆设盆栽，请幼儿预测一下，假如植物缺少了水、空气和阳光会怎样，并引导儿童认识风并非导致落叶的主要原因，由此巩固靖蓝对"树木生长的基本要素"的认知。

　　在评估实施的过程中，教师会发现同一年龄的幼儿在同一个评估项目上所表现的水平各不相同。如在前文提及的数理逻辑关系的分类部分，示例 9 中的幼儿雪琳在进行分类活动时对鞋子做了两次分类。她第一次是把球鞋放在一起，第二次是把高跟鞋放在一起，被评为水平二。相比之下，有些幼儿只能作出一种分类，他们或把鞋子按大小分类，或按颜色分类，所以他们在这项活动便只达到水平一。有些幼儿不会分类，或没有清晰的分类标准，未能达到水平一。对于在分类活动中表现不同的幼儿，教师可以采用不同的教学方法来跟进，例如鼓励雪琳和其他处于水平一的幼儿去发现鞋子的其他特征，如大小、材质、轻重等，以启发他们从观察事物的外表特征，进展到观察事物的内在特征，从而作出进一步的分类。对于相对落后的幼儿，教师可以通过示范，引导他们了解分类的意义，学习如何观察事物的特征和使用不同的感官，例如用手摸一摸以了解不同鞋子的材质和软硬程度，或用手提一提以了解重量等，从而使他们学会观察，学习分类。

　　示例 15 的昊骏在解难能力方面处于水平一，他对事物的观察较为片面，组织能力较弱，只能用单一的方法汇报。活动的记录是评估的重要参考。教师可鼓励昊骏多利用不同的方法，自行记录个人或分组的学习过程和成果，并结合口头汇报，从而促进幼儿作汇报的能力，使他能达至水平二。此外，帮助幼儿汇报学习所得也是重要的学习项目，教师可引导昊骏思考记录及汇报的资料是否完备，有没有其他更佳的记录和汇报方式，最终帮助他达至水平三。

结　语

本章引用不同的案例，阐释如何通过数学和科学活动，评估幼儿的认知发展及如何运用评估促进学习。若要提升幼儿的认知能力，教师必须了解环境和互动对幼儿认知的影响。教师必须为幼儿准备丰富的材料、充足的时间和空间，营造符合最近发展区的学习环境，并在一旁观察，适时鹰架幼儿学习。更重要的是，教师要重视幼儿的想法，表达对幼儿的支持、信任和接纳，使他们有信心尝试及实践自己的想法，探索身边事物，勇于表达意见，从而促进幼儿的认知发展。

参考资料

（1）张春兴.1995.教育心理学［M］.台北：东华书局.

（2）龚耀先，戴晓阳.1992.中国韦氏幼儿智力量表（C-WPPSI）手册［M］.长沙：湖南地图出版社.

（3）FLAVELL, J. H., MILLER, P. H., & MILLER, S. A. 2001. Cognitive development［M］. Pearson Education.

（4）KAIL, R. V. 2007. Children and their development［M］. Purdue：Pearson Prentice Hall.

（5）PIAGET, J. 1962. Play, dreams and imitation in childhood［M］. New York：W. W. Norton & Company.

（6）SANTROCK, J. W. 2007. Child development［M］. McGraw-Hill Higher Education.

第三章

幼儿语言发展的评估

在过去的半个世纪，学术界对幼儿语言发展方面的核心观念发生了改变，认为幼儿读写能力的发展是逐渐萌发形成的，与口语发展同时进行且互相影响，因此进一步推断，幼儿的读写行为不符合规范及出现个别化现象是正常的发展，成人应以正面及肯定的态度接受幼儿这方面的表现。这种观点改变了一向认为听、说、读、写是顺序发展的看法，以及认为应以统一循序的方式来学习语文技能的做法，被称为读写萌发观（Teale & Sulzby，1986；Morrow，2005；Strickland，1989）。由于观念的转变，幼儿语言发展的评估方法也随之而改变，人们比以前更加注意幼儿学习环境与知识增长的关系及互动，不再以预先设定的学习成果作为评估目标，而改为观察幼儿的活动过程，根据幼儿个人的表达方式评估其学习成果，并作为下一阶段幼儿学习及教师教学的依据。本章将介绍以读写萌发观为理论基础的语言发展评估理念及评估方法，并介绍相关评估工具应用于教学及课程改进的示例。

第一节　幼儿语言发展理论

约从 20 世纪 60 年代开始，研究幼儿语言发展的学者察觉幼儿在入小学前已能通过周遭环境及家庭的经验而认识文字，并发现书写、阅读与说话三者同时发展，而且互相影响（Bissex，1980；Clark，1976；Clay，1975；Durkin，1966；Ferreiro & Teberosky，1982）。到了 80 年代，这方面的研究愈来愈多，读写萌发的观点亦渐清晰。蒂尔和萨兹比（Teale & Sulzby）在《读写萌发》（*Emergent Literacy*，1986）一书中，集结当时研究的成果，阐述了这个观念的基础及其特征，主张要以幼儿口语习得的理念来理解幼儿书写文字的发展。"读写萌发"是指幼儿在会阅读及书写成人所使用的文字之前的读写行为，即幼儿早期阅读与书写的发展。该观点认为早期的阅读与书写发展就像口语发展一样，幼儿是在有实际目的的情况下自然地使用语言与人沟通，因此主张在日常生活中，幼儿也须真实地接触及使用文字。文字知识是通过有意义的使用而逐渐形成的，幼儿会在不同的阶段呈现不同程度的读写行为，例如凯迪前一个星期还只会在纸上打钩，今天他已会用横、竖、撇等笔画构成一个"类似字"，这是非规范文字的书写表现，被视为正统的早期读写。"读写萌发观"的核心概念是读写与说话是同时发展且互相影响的，因此语文发展或语言发展，已包含听说与读写发展的意思，意义较为广泛。

　　依据读写萌发观，幼儿适宜在开放的环境下，以较自由的方式，带着真实目的去说话、阅读及书写，从而学到口语及文字的知识。这种取向基于"个人是在有意义的情境下主动建构知识的"这一观念，因此，教师适宜多采用生活中常见的印刷文字或优良的儿童文学作为教材（例如食物包装盒、海报、图书等），并提供带有实际沟通意义的活动（例如讨论、通信、写作等）。在这种带有丰富而真实的文字的环境中，通过成人的引导让幼儿互相交流，是促进幼儿说话和读写能力发展的有效策略。

第二节　课程与语言发展评估的结合

　　根据读写萌发的理念，评估幼儿语言发展宜采用过程取向的方法：教师收集幼儿在课堂活动中如何习得知识和能力以及学到何种知识与能力的数据，以此来规划课程、调整教学，以促进幼儿的学习（Chan & Wong，2010）。以过程取向作为评估的方法有不同的方式，近年有不少学者提倡利用真实性评估来评量幼儿的发展能力（Meisels，1997；Ratcliff，2002）。真实性评估是一种能显示及代表幼儿真正学习情况的评估模式（Morrow，2005）。真实性评估往于日常生活中，在教室或户外有意义的情境中进行。以语言发展评估为例，教师可借助观察幼儿与同伴在娃娃家进行的表征游戏，了解他们之间的互动情况，从而加深了解幼儿的口语表达能力。教师也可在幼儿的自由阅读时间观察他的阅读态度，在自由书写活动中记录他如何模仿成人书写。幼儿在自然的学习环境下最能表现及反映真正的能力水平。语言发展评估可采用一般常用的真实性评估方法，包括观察、作品取样和谈话等。搜集评估资料方面则可应用逸事记录表、评量表、调查表、录影或录音等。教师一般会利用档案来汇集评估数据，用以追踪幼儿的语言发展。

儿童发展评量表工作小组编订的《儿童发展评量表》（2007）语言部分便是依据读写萌发理念来开发的。在评量表中，语言发展的表现项目都参考当前的文献（包括幼儿口语、早期读写发展及汉语学习等研究）而编撰，主要划分为两种语言形式：口头语言和书面语言。口头语言包括聆听与说话两种语言能力，而书面语言则包括阅读与书写能力。

一、检视评估重点及表现项目

（一）口头语言

口头语言包括个人表达及人际沟通这两个方面。幼儿口头语言的发展着重词汇的扩展及语言的使用。语言成分包含语音、语意、语用及语法，而能力发展则包括聆听与说话两方面。《儿童发展评量表》中的语言发展部分是根据以上的目标及范围而编制的，评估内容主要参考美国儿童健康和人类发展研究所（NICHD）有关早期教养调查中的语言评估项目及适用于香港学前机构的《表现指标（学前机构）儿童发展范畴》的要求而重新组织，协助教师了解幼儿在使用不同的语言能力时，在不同的语言成分方面的表现，并方便教师观察、记录幼儿的表现。表3－1是口语发展评估内容（儿童发展评量表工作小组，2007）。括号内为有关语言成分的重点。

表 3 - 1　听说能力的表现项目

重　　点	表 现 项 目	
1. 聆听能力	1.1	能聆听及理解教师的说话，并适当地回应（语意）
	1.2	能聆听及理解同伴的说话，并适当地回应（语意）
	1.3	能理解别人语调变化的含义，并作出适当的反应（语用）
2. 说话能力	2.1	能运用语言表达需要、感受和意见，讲述日常生活经验，描述事物和进行社交活动（语用）
	2.2	说话流畅，发音清晰（语音）
	2.3	与人交谈时，能运用恰当的语调、音量和表情，说话态度良好（语用）
	2.4	乐意主动与人交谈（情意）
	2.5	能连续运用意思完整的句子表达意思（语法）

（二）书面语言

书面语言能力的发展包括阅读与书写两方面。根据读写萌发观，幼儿的读写能力并非在特定时间内习得，而是一个自然萌发的过程（Teale & Sulzby，1989）。幼儿在日常生活中不断接触书面文字，从而自然地发展文字意识和读写能力，并为生活上的实际需要而开始尝试读写。古德曼（Goodman，1996）提出，阅读的重点是对意义的理解，阅读者以个人的语言知识及对世界的认知来推断及预测文本的意义。叶蜚声和徐通锵（1997）指出，读者在阅读汉字时，需要联系字形和读音来辨识字义，因此，对读音的意识对学习汉字也是十分重要的。教师应多朗读书本，让幼儿注意聆听文字的读音，然后把读音和字形、字义联系起来。形、音、义结合，才能帮助幼儿有效学习汉字。

幼儿的书写能力发展得比口语表达能力晚，他们一般只会运用简单线条来表达具有一定生活功能的较复杂的思想内容。在幼儿书写萌发期中，其书写作品通常夹杂文字与图画。幼儿有时会喜欢使用多于一项的表达形式，例如图画和符号，以自创字或/及文字来代表书写。根据这些发展特征，读写能力发展的评估项目如表 3 - 2 所示（儿童发展评量表工作小组，2007）。括号内为有关语言成分的重点。

表 3 - 2　读写能力的表现项目

重　点		表 现 项 目
3. 阅读能力	3.1	知道文字是有意义的（语文功能）
	3.2	掌握看书的方法（书本知识、汉语知识）
	3.3	理解图画、符号或文字表达出来的意念（语文技能、故事知识、汉语知识）
	3.4	喜欢选择书籍自行阅读（情意）
	3.5	有良好的阅读习惯（情意、书本知识）
	3.6	懂得从书本中寻找资料，以解答问题（语文功能、书本知识、汉语知识）
4. 书写能力	4.1	喜欢自由操作书写工具来画或写（情意、语文功能）
	4.2	能把认识的事物或心中的意思，利用图画、符号、自创字或文字表达出来（语文功能、语文形式、汉语知识）
	4.3	掌握正确的写字姿势和握笔方法（语文技能、汉字知识）
	4.4	能书写一些笔画简单、与日常生活有关的字词和简单的句子（语文技能、汉语知识）
	4.5	会用不同的方法来学习写字（语文功能、汉语知识）

二、资料搜集与存档

要使评估取得成效，一个系统的规划非常重要。图 3 - 1 是评估活动规划路线图实例一则。

将课程进度与评估范围一一对应→选取教学活动与相关的评估项目→教师在水平参照的演绎及评估准则上达成共识→教师分配评估工作

图 3 - 1　评估活动规划路线

教学活动与评估活动需要互相配合，同时教学内容与评估项目也需要互相配合。表3－3为教师准备教学活动前的计划。

表3－3　教学与评估计划示例

时　间	地　点	活动内容	语言发展评估《儿童发展评量表》
9：00—9：30	图书角	谈话活动：与儿童探讨红封包不同的设计及上面的文字，讨论是否可以自行设计	聆听能力表现项目1.1，1.2，1.3 说话能力表现项目2.1，2.2，2.3，2.4，2.5
9：30—10：00	学习角	小组学习：自行设计红封包，仿写文字	书写能力表现项目4.1，4.2，4.3，4.4，4.5
10：00—10：15	图书角	图书角：自行选看图书	阅读能力表现项目3.1，3.2，3.3，3.4，3.5，3.6
10：15—10：30	图书角	总结：分享儿童设计的红封包	

除了教学活动与评估项目需要配合之外，教师如何演绎表现指标也影响评估的成效。尤其当采用水平参照的评估方式时，教师需对水平的内容有共同的理解，才能达成一致的评估准则。要达成共识，教师队伍须持开放的态度，通过会议讨论评估内容的意思及相关的幼儿实际表现，例如评估项目1.1及1.2"能听懂教师/同伴的话，并适当地回应或对应"，怎样才是"适当地回应或对应"呢？教师之间要交流意见，共同协商具有争议的指标，定下共同的准则，才能有共同的理解。

第三节　幼儿语言发展评估示例

以下将列举部分幼儿园根据上述建议来规划和实施评估的实例。例子由参与"幼教课程本位的儿童评估模式"研究的幼儿园的教师提供。

一、口头语言

如上文所述，教师须对水平参照指标的演绎达成共识。以下引用幼儿具体行为的实例解说，以显示教师如何演绎聆听能力表现项目 1.1 及 1.2 指标，以期达成一致。

表 3 - 4　口头语言表现项目指标示例

表现项目	水平一	水平二	水平三
1.1 能聆听及理解教师的说话，并适当地回应（语意）	不能专注聆听教师所说，没有适当地回应	能听懂教师所说，并适当地回应或对应	与教师交谈时/在集体活动中，他/她是一个很好的聆听者，能留心，适当地对答，等候发言或发问
1.2 能聆听及理解同伴的说话，并适当地回应（语意）	不能专注聆听同伴所说，没有适当地回应	能听懂同伴所说，并适当地回应或对应	与同伴交谈时，他/她是一个很好的聆听者，能留心，适当地对答，等候发言或发问

以下引用教师使用《儿童发展评量表》的评估样本及观察记录实例资料。资料显示大部分三岁班幼儿的表现符合水平二的指标，即幼儿能"适当地回应"，但何谓"适当"最具争议。因此以下将选取三岁班幼儿水平二的具体行为，作为了解教师判断幼儿行为水平的依据，也将引用水平三的样本用作对照及补充说明。示例 1 是分析表现项目 1.1 水平二的具体实例。

示例 1：　聆听能力

在一次团体活动上，幼儿能清楚地回答教师的问题。教师问咏咏："今天你有没有带水果字卡回来？"咏咏回答："有呀，让我拿给你。"（三岁班）

在一次小组学习活动中，幼儿能正确回答问题。在"认识 4 的组合"的活动中，教师出示四张不同图案的雨伞图卡，让幼儿找出不同之处。钧钧正确说出："三把雨伞是黄色的，一把雨伞是绿色的。"（幼低班）

在三岁班故事活动中，幼儿也能回答问题及连续说故事情节，教师以幼儿能回答有关故事内容的问题或说出接续的情节而判断其表现为水平二。

小部分三岁班幼儿的表现也能达到水平三，例如与教师交谈时或在团体活动中，能表现为一位很好的聆听者，能留心聆听，并适当地对答及等候发言。来自不同幼儿园和教授不同年龄层的教师都一致地以"幼儿懂得举手等候教师指示才说话"作为行为例证。教师亦会根据幼儿突出的行为而评定其表现符合水平三。

示例 2：　聆听能力

教师：宛宛穿了三件衣服。

晋晋：四件呀，还有一件紫色。

教师：（老师再数一次）对，原来老师少数了一件紫色，是四件才对。（三岁班）

从示例 2 可看出教师在判断幼儿的表现水平时，会着眼于幼儿正确的理解以及即时而敏锐的反应。当幼儿意识到数量不正确时，会向教师说明。就聆听能力发展来说，这种表现较水平二"能听懂教师所说"的表现水平高，反映他具有更高的能力，包括反应快捷、正确及清晰，能看到事情中的遗漏而即时补充。

从以上实例可见，虽然教师是依照不同幼儿园及不同的课程来判断幼儿的表现水平，所选内容亦受到不同年龄层课程范围及程度的影响，但因为教师考虑了幼儿的语言发展能力，从而引用了幼儿使用语言的具体行为作为例证，再加上评估目标一致（针对语意和语用），因此整体的评估准则便较为一致。这都是幼儿园教师共同参加评量表培训研讨会互相交流的成果。除此之外，各园的教师在园内能有良好沟通，因此不难取得共同的水平指标演绎。他们的经验值得与业界同仁分享。采用水平参照评估，只要评估者之间对评估内容能取得共同的理解及演绎，园本课程也可以采用同一水平参照的评估指标。

三岁班幼儿在表现项目 1.2 的表现水平与表现项目 1.1 的评估结果相仿，大部分属于水平二"能听懂同伴所说，并适当地回应或对应"。然而，用来印证水平二的观察记录则与表现项目 1.1 的有所不同，详见示例 3。

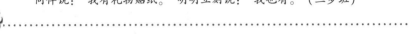

示例3: 聆听能力

在想象游戏中投入扮演。

阿瑜这样回答同伴问她要往哪里去:"我要去沙田公园呀。"(三岁班)

答应或拒绝同伴的邀请。

同伴邀请咏咏一起玩,咏咏说:"好呀,等我先完成这幅图画。"(三岁班)

回应同伴的关注。

同伴问阿紫手中拿的是什么簿,阿紫告诉同伴:"是填色簿,里面印有公仔图案,可以填上颜色。"(四岁班)

澄清个人的行为。

搭积木时,同伴说钧钧搭了一把叉子。钧钧回应:"不是呀,我在搭一个英文字母Y。"(四岁班)

主动表达个人拥有的东西。

同伴说:"我有礼物贴纸。"明明立刻说:"我也有。"(三岁班)

至于在故事活动中,幼儿在表现项目1.2的表现与表现项目1.1的情况类同,除了能回答教师的提问外,幼儿亦能适当地回应其他幼儿的提问,可见幼儿在说故事的情境中,有聆听并理解同伴所说内容的能力。

从幼儿之间的互动,可观察到幼儿能听懂同伴所说的话,并适当地作出回应。幼儿会在不同的交际场合,根据不同的需要而使用适合的话语作出回应。教师评估时的着眼点应该如表现项目1.1所述,以语意的接收及语言在功能上的使用为准则,判断幼儿是否听懂同伴所说,是否适当地回应。以水平二的实例来看,幼儿的回应均与个人需要有关,教师没有依据说话的长短或内容的深浅而作出评估——这些会通过其他评估项目去评估。

示例4可作为表现项目1.2水平三"很好的聆听者,能留心,适当地对答"的证据。

示例4: 聆听能力

主动帮助同伴。

同伴正在由1顺序数数,当数至47时,晋晋说:"你数完没有?不如我帮你,47,48……100,数完。"(三岁班)

质疑同伴的意见。

谦谦等同伴发言后表示:"那条龙没有脚,也没有手,怎么爬过去?"(五岁班)

教师都以幼儿突出的表现作为准则来评定水平三。这两个例子分别显示幼儿关注别人的需要，并能专注学习，符合"在团体生活中，善用聆听来与人沟通或带动学习"的论点。

此外，有关评估"留心"的准则，教师在表现项目1.2中对幼儿的评估与表现项目1.1的着眼点有所不同。由于评估活动的情境是幼儿之间的互动，通常只涉及两人或小组的活动，且不是以教师为主导，因此幼儿不会再以举手来表示想发言。教师转为以幼儿的目光来判断幼儿是否专心。

二、书面语言

上述的例证说明教师可通过真实的情境来搜集幼儿口语发展评估的数据。在幼儿书面语言发展评估方面，教师也应同样提供一个自由开放的学习环境，让幼儿通过多元的儿童文学、与课题相关的真实阅读材料（例如新闻剪报、海报信件等）学习阅读，并让幼儿用他们的方式沟通，借助理解文字的意义而渐进地认识文字及书面语言的规律。要允许幼儿自创文字，接受其书写的结果，而不强调成人正确的标准。教师可运用观察法、常用记录法、录像等记录幼儿的行为表现或搜集其作品并存盘，以了解幼儿的阅读及书写态度、技能和汉语知识等方面的发展。以下分别引用三岁班、四岁班及五岁班的评估实例来展示不同阶段的幼儿在读写发展中的一些表现。

示例5： 阅读能力

这个案例发生在三岁班自由阅读时间的图书角。文敏在书篮里取了一本图画故事书《小猪不会飞》，然后坐到程程身旁一起阅读。文敏先看封面的图画，接着从第一页开始按顺序翻看。她边看边用手指指着该页的图画，并按画意来解读故事内容，更对同伴程程说："大笨象饮那些水，冲了下去，替它洗澡，变了粉红色了。"从文敏的阅读行为表现，教师可观察到她能掌握读书的方法（阅读能力表现项目3.2）。她在此项目的表现为水平一：知道如何拿一本书，从哪一页开始阅读。阅读图书时，她主要根据图画的线索来推测内容，所以，她的表现符合表现项目3.3的描述：理解图画、符号或文字表达出来的意念。由于她能简单地说出故事的角色或情节，她在此项目的表现水平可评为一。

示例6：　阅读能力

这是一个四岁班小组学习的情境。教师正在向幼儿介绍制作汤丸的材料。在教师展示一包糯米粉时，明明看到了包装袋上的符号及文字，马上指着说："糯米粉有些字，有个'三'字，'两'字……"明明的表现显示出他对文字有一定的敏感度，能辨认汉字"三"及"两"。阅读能力发展的一个重要指标是幼儿明白文字的意义，并发现文字与图画是两种不同的表达方式，文字有其语言法则。由此可见，明明知道文字是有意义的（阅读能力表现项目3.1）。他在此项目的表现水平为二：在日常生活环境中或阅读故事书时注意图画、符号和文字，知道书中的图画和文字相关。

示例7：　书写能力

这是一个书写萌发的实例。俊俊就读三岁班，他正在设计贺年卡。他先在卡纸中央画了一个人像，然后在其右边写了四个自创字，在左边亦写了三个字：大舌大。当他正准备写第四个字时，教师走到他身旁，此时俊俊一边用手指指着右边的四个自创字，一边念"恭喜发财"给教师听，再指着左边的字告诉教师是"大吉大"。

从俊俊的表现所见，他已发展了文字的意识，能由上至下地书写，亦尝试用竖、横的简单笔画来创作代表"恭喜发财"四个汉字，并运用已习得的"大"字来表达吉祥的祝福语"大吉大利"。此外，他指着每个字来读，亦显示他已掌握一字一音的文字概念。这些行为及所显示已掌握的文字知识是以下评估的佐证（表3-5）。

表3-5 书写能力表现项目评估举例（一）

表现项目	水平一	水平二	水平三
4.1 喜欢自由操作书写工具来画或写（情意、语文功能）	会在成人要求下拿纸笔来画或写 ☑	会主动拿纸笔来画或写 ☐	喜欢选择或使用合适的书写工具认真地画或写来表达或创作 ☐
4.2 能把认识的事物或心中的意念，利用图画、符号、自创字或文字表达出来（语文功能、语文形式、汉语知识）	能用图画或符号表达自己的意思 ☐	能用图画、符号或自创字表达自己的意思，并能将自己所写的内容说给他人听 ☑	此外，能用一些正确文字表达自己的意思，或能试着修正自己所写的文字 ☐
4.3 掌握正确的写字姿势和握笔方法（语文技能、汉字知识）	能掌握正确的写字姿势，但未能掌握握笔方法 ☐	掌握正确的写字姿势和握笔方法 ☐	此外，懂得在线上写/在格内写，或由左至右/由上而下书写 ☑
4.4 能书写一些笔画简单、与日常生活有关的字词和简单的句子（语文技能、汉语知识）	能画或写一些线条、笔画或方块字样 ☑	能书写一些笔画简单、与日常生活有关的字词 ☐	能书写一些与日常生活有关的简单句子 ☐

示例8：书写能力

这是五岁班一位幼儿自由绘画及书写的作品。透过主题"农场里的动物"，菁菁选用了不同的书写工具来绘画及写字。她分别画了四种动物：鱼、毒蛇、老虎和白兔。完成后，她在图画下的横线上写了一句与图画相关的句子："农场里有鱼毒蛇白兔和坏老虎。"菁菁的书写行为是以下水平指标的例证。

表 3-6 书写能力表现项目评估举例 (二)

表现项目	水平一	水平二	水平三
4.1 喜欢自由操作书写工具来画或写 (情意、语文功能)	会在成人要求下拿纸笔来画或写　□	会主动拿纸笔来画或写　□	喜欢选择或使用合适的书写工具认真地画或写来表达或创作　☑
4.2 能把认识的事物或心中的意念,利用图画、符号、自创字或文字表达出来 (语文功能、语文形式、汉语知识)	能用图画或符号表达自己的意思　□	能用图画、符号或自创字表达自己的意思,并能将自己所写的内容说给他人听　□	此外,能用一些正确文字表达自己的意思,或能试着修正自己所写的文字　☑
4.3 掌握正确的写字姿势和握笔方法 (语文技能、汉字知识)	能掌握正确的写字姿势,但未能掌握握笔方法　□	掌握正确的写字姿势和握笔方法　□	此外,懂得在线上写/在格内写,或由左至右/由上而下书写　☑
4.4 能书写一些笔画简单、与日常生活有关的字词和简单的句子 (语文技能、汉语知识)	能画或写一些线条、笔画或方块字样　□	能书写一些笔画简单、与日常生活有关的字词　□	能书写一些与日常生活有关的简单句子　☑

第四节 评估资料的应用

　　幼儿发展评估在课程与教学上的目的,是要了解幼儿如何学习及学到什么。以上资料显示,幼儿在开放的活动中自我表达较多,语言功能的种类及有沟通功能的书写形式也比以教师为主导的活动或封闭式的活动多。幼儿愈多与人实际沟通,就愈能验证及更新语言知识和能力。

　　以上的资料也让教师知道,幼儿积极地参与各种语言活动是很重要的。幼儿在不同情境中有不同的聆听与会话表现,最主要的分别是幼儿与同伴互动时，更多使用会话，会话类型比与教师互动时多。此外，不同年龄的幼儿每天都需要阅读和书写，需要在有意义、真实的语境下实习他们的语言系统（Teale & Sulzby，1989）。

　　评估资料对课程规划及教学调整也起着关键的作用。在课程方面，教师适宜规划较多开放式的学习环境，提供丰富的语文环境、大量的互动机会和独立探索的空间，例如自选的学习角落，小组合作活动或幼儿一起工作等，让幼儿在自主的情况下自然地说话，接触及使用文字。教学方法可以多运用故事、扮演、游戏，多从真实生活中取材。口语方面，要丰富幼儿的词汇和句法，培养幼儿良好的说话态度和习惯，促进他们流畅及清楚地说话，教师优良的示范、适切的引导及同伴互相学习的机会亦是必需的条件。书写语言方面，教师须同时留意幼儿的图与文，以便了解幼儿如何表达，并追踪幼儿新书写方式的出现。教师应该以幼儿的学习为着眼点，细心观察和跟进他们所习得的语文知识，而不是只按着成人所制定的教学目标单向地灌输文字知识。

　　此外，当一些幼儿达到一般三岁幼儿所达到的语言水平时，其他同龄的幼儿可能已达到一般八岁儿童所具有的水平。读写萌发观主张我们要预料到这种情况的出现，并接纳幼儿的差异，而非像传统教学观念一般，要求同一班中的所有幼儿都达到相同的语言水平。要根据个体幼儿的潜能及步伐来促进其发展。评估与课程及教学活动的结合，能提供幼儿在学习过程中真实水平及个别化的资料，让教师能根据幼儿的成长需要而调整后续的教学活动。

参考资料

（1）儿童发展评量表研究小组．2007．儿童发展评量表．香港：香港教育学院．

（2）叶蜚声，徐通锵．1997．语言学纲要［M］．北京：北京大学．

（3）香港教育署及社会福利署．2003．表现指标（学前机构）儿童发展范畴．香港：政府印务局．

（4）BISSEX. 1980. A child learns to write and read. Gnys at wrk［M］. Cambridge. Mass：Harvard University Press.

（5）CHAN, S. P., & WONG, S. M. Exploring assessment and accountability for children's learning：A Case Study of a Hong Kong Preschool［J］. Early Education & Development，2010，21（2）：234－262.

（6） CLARK，M. M. 1976. Young fluent readers ［M］. London：Heinemann Education.

（7） CLAY，MARIE M. 1993. Reading recovery：A guidebook for teachers in training ［M］. Portsmouth，NH：Heinemann.

（8） DURKIN，D. 1966. Children who read early ［M］. NY：Teachers College Press.

（9） FERREIRO，EMILIA & TEBEROSKY，ANA. 1982. Literacy before schooling ［M］. Exter，N. H. ：Heinemann Education.

（10） GOODMAN，KENNETH S. 1996. On reading ［M］. Portsmouth，N. H. ：Heinemann.

（11） MEISELS，S. J. Using work sampling in authentic assessments ［J］. Educational Leadership，1997：54，60－65.

（12） MORROW，LESLEY M. 2005. Literacy development in the early years：helping children read and write ［M］. Boston，Mass. ；Hong Kong：Pearson.

（13） RATCLIFF，N. J. Using authentic assessment to document the emerging literacy skills of young children ［J］. Childhood Education，2002，78（2）：66－69.

（14） STRICKLAND & L. M. MORROW. Emerging literacy：Young children learn to read and write ［J］. Newark，Delaware：International Reading Association，1989：1－15.

（15） STRICKLAND，DOROTHY S. AND MORROW，LESLEY M. Emergent literacy：young children learn to read and write ［M］. Newark，DE：International Reading Association.

（16） TEALE，W. H. & SULZBY，E. 1986. Emergent literacy：Writing and reading ［M］. Norwood，NJ：Ablex.

（17） The NICHD study of early child care：Form 56K－3 Revision 07/06/95 ［EB/OL］. ［2005－09－01］. http：//secc. rti. org/display. cfm？ t = f&i =56K3.

第四章

幼儿体能发展的评估

儿童的体能发展遵循着一定的发展模式，体现三大发展原则。

第一，首尾原则。由上到下发展，即头部先发展，下肢后发展。例如儿童先会抬头和转头，然后才会转身和坐直，接着便会爬，最后才会站立和走路。

第二，近远原则。从中心到边端发展，即越靠近身体中心的部分越早发展，远离身体中心的部分较迟发展，即儿童的躯干发展会比四肢的发展早。

第三，由整体到特殊原则。儿童会先发展全身的动作，然后才发展小肌肉的动作。

幼儿体能发展大致可分为大肌肉协调能力（gross motor coordination ability）及小肌肉协调能力（fine motor coordination ability）两大部分。本文先介绍这两种肢体协调能力的发展特征，然后引用具体评估示例，说明如何将幼儿体能发展评估与课程结合，最后提供一些应用评估数据的具体例子以供读者参考。

第一节　幼儿体能发展理论

一、大肌肉协调能力发展理论

有研究（Gallahue，2006）指出，儿童在出生至 10 岁期间，其基础动作的发展最为重要。基础动作可分为三类。

第一，移动性动作技能。身体由一个点移动至另一个点的能力，强调动作的协调性。动作包括：走、跑、双脚跳、单脚跳、跨跳、跑马步、滑步、跑跳步、滚动和攀爬。

第二，稳定性动作技能。又称为非移动性动作技能，是维持身体稳定的能力，强调动作中的平衡。动作包括：伸展、扭转、弯曲、滚翻、躲避、平衡、旋转和着地。

第三，操控性动作技能。操控用具的能力，不单属于大肌肉的动作，也属于小肌肉的动作。动作包括：滚、抛、掷、踢、击、拍和接。

儿童的体能发展是从大肌肉发展开始的，成熟之后便进入小肌肉发展的阶段。而所有基础动作都会在五岁之前出现，至大约六七岁之后便发展成熟（Wickstrom，1983）。高勒修（Gallahue，2006）把基础动作的发展分为四个阶段：①反射动作阶段（0—1 岁）；②起始动作阶段（1—2 岁）；③基础动作阶段（2—7 岁）；④特定运动技能阶段（7—10 岁）。

高勒修指出，2—7 岁是儿童的基础动作阶段，是发展基础动作的最好时机。基础动作在质和量方面，会随着儿童的成长出现变化。儿童在这阶段中如果得不到良好的发展，会影响他日后发展运动技能。2—7 岁儿童的基础动作阶段可细分为三个时期：①初始时期（initial stage）；②初级时期（elementary stage）；③成熟时期（mature stage）。

在评估儿童的大小肌肉协调能力时，应着重活动过程中的操作表现，即上述移动性动作技能、稳定性动作技能及操控性动作技能。以下以列表方式（表 4-1—表 4-7）分析基础动作发展阶段的身体操作表现（张杏冰　等，2007）。

表 4-1　移动性动作技能——走

发展阶段	手部动作	腿部动作	躯干动作
初始阶段	手肘弯曲，是高防卫姿势	整个脚板平放地上，步幅小	臀部没有旋转
初级阶段	手臂大致垂直，放在身体两侧，摆动的幅度较小	步幅较大	臀部微微旋转
成熟阶段	手臂垂直，在身体两侧自然地摆动	脚跟、脚尖分别着地，步幅大	臀部能完全旋转，向后时支撑前脚，然后改变重心向前

表 4 - 2 移动性动作技能——跑

发展阶段	手部动作	腿部动作	躯干动作
初始阶段	手肘垂直摆动，或只是微微弯曲	支撑腿不能完全伸展	身体直
初级阶段	手肘略为弯曲，摆动幅度较大	支撑腿能伸直	身体微微向前倾
成熟阶段	手肘弯曲成直线，手部摆动与腿部动作相对应	支撑腿能完全伸直	身体能向前倾

表 4 - 3 移动性动作技能——双脚跳

发展阶段	手部动作	腿部动作	躯干动作
初始阶段	手臂摆动少，未能带动跳跃的动作	双脚起跳和着地的时间不一致	身体着地时，重心在后
初级阶段	手臂能做出带动跳跃的动作	双脚大致能同时起跳和着地	身体着地时，重心在中间
成熟阶段	手臂有力地向前和向上摆动，带动跳跃的动作	双脚能同时起跳和着地	身体着地时，重心在前

表 4 - 4 移动性动作技能——滚动

发展阶段	手部动作	腿部动作	躯干动作
初始阶段	手部未能紧贴身体	脚部不能经常伸直	身体未能挺直
初级阶段	手部大致能紧贴身体	脚部能伸直	身体有时能挺直
成熟阶段	手部能紧贴身体	脚部能完全伸直，用力贴在一起	身体能经常挺直

表 4 - 5 稳定性动作技能——平衡

发展阶段	手部动作	腿部动作	躯干动作
初始阶段	眼睛注视脚前	能用惯用脚带领	身体挺直，没有调整身体动作以帮助平衡
初级阶段	眼睛注视平衡木，用单手帮助平衡，另一只手则紧贴体侧	多用惯用脚带领	有时会调整身体动作帮助平衡
成熟阶段	眼睛注视前方，能用双手帮助平衡	能用任意脚带领	能流畅、放松地控制身体动作

表4-6　操控性动作技能——掷

发展阶段	手部动作	腿部动作	躯干动作
初始阶段	手抓住球提到耳朵旁，手肘弯曲、向前	双脚不动	身体向前，没有转动
初级阶段	手抓住球，手肘弯曲、向前，手放到头部后面	与掷球的手臂同方向的脚能往前踏一步	身体、肩膀会转动
成熟阶段	先抬起上臂，手肘弯曲，下半臂落到头后的位置，另一手臂指向目标	与掷球的手臂对称方向的脚，能往前踏一步，并作出重心的转移	足、臀、腰、肩能互相配合地转动

表4-7　操控性动作技能——接

发展阶段	手部动作	腿部动作	躯干动作
初始阶段	双臂向前方伸直，手心向外；接球时，用身体挡球，把球夹在胸前	能用惯用脚带领	身体挺直，没有调整身体动作以帮助平衡
初级阶段	双臂弯曲，手心向外	多用惯用脚带领	有时会调整身体动作以帮助平衡
成熟阶段	双臂弯曲，手心向内，主动迎球	能用任意脚带领	能流畅、放松地控制身体动作

　　幼儿教育工作者应先了解幼儿各基础动作中不同发展阶段的特征，然后观察幼儿在相关学习活动中的表现，系统地收集资料，检视幼儿的发展水平及进步情况，把评估结果作为课程发展和教学的依据（张杏冰　等，2007）。在评估幼儿的大小肌肉活动协调能力时，应把体能发展的评估与体能活动的课程内容和教学联系起来。

二、小肌肉协调能力发展理论

　　小肌肉活动是泛指通过控制手和关节去操作的活动。小肌肉协调能力是怎样发展起来的呢？幼儿从出生那一刻开始，就具备了一些本能的反射动作基模，如吸吮、吞咽、抓握等。在后天适应环境的过程中，这些反射动作图式会不断分化和复杂化，渐渐发展出较精密而相互协调的行为模式，称为动作图式。动作图式一经形成，幼儿就会利用这些动作图式进一步探索周围的世界。这些动作图式在分化和组合的过程中会变得愈来愈复杂，最终发展成为各种各样动作协调的行为模式及操作技巧（Miller，2002）。初生婴儿只具备随机而没有目的的抓握反射图式，但当他偶然用抓握反射抓住了心爱的摇铃时，这个偶发的经验便带给了婴儿无限的喜悦，也强化了婴儿日后运用意志去抓握外界物件的动机。这些经验自然地不断重复，便变成有目的的抓握动作技巧，扩展婴儿已有的动作图式。

纽厄尔（Newell，1984）在评估动作技巧时，提出了三足鼎立的基本动作协调体系：①个体（Organism）；②工作（Task）；③环境（Environment）。详见图4–1。

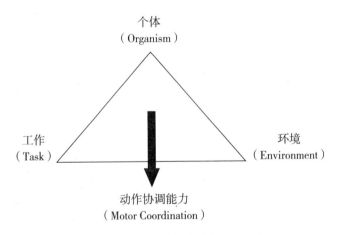

图4–1 纽厄尔的基本动作协调理念

"个体"特征是影响动作协调能力的首要因素，它包括了身高、体重、智力及个性等。"工作"因素方面，包括了工作目标及工作要求、工作内容的复杂程度（如操作对象的特征，即大小、材质、重量和温度等）、工作规则及工作程序的复杂程度（如抛接庞大但轻便的沙滩球比抛接有弹性且细小的网球来得容易）。"环境"因素方面，包括了各种外在环境的要求，如动作要做得多快（时间要求）、多远（空间要求）、多频繁，也包括突发性（环境变素）等，例如单独一人在足球场内射门，远比与整队足球员在足球比赛中射球简单得多。

受以上因素影响，每项协调活动，都因其工作特殊性（task specificity）及工作复杂度（task complexity），反映一定的动作协调水平（Patterson，2001）。

第二节　课程与体能发展评估的结合

一、检视大肌肉协调能力的评估重点及表现项目

图4-2显示了大肌肉协调能力的评估项目内容。

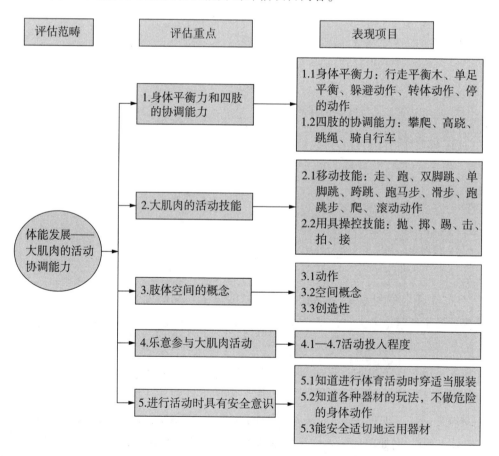

图4-2　大肌肉协调能力的表现项目（张杏冰　等，2007）

二、检视小肌肉协调能力的评估重点及表现项目

在《儿童发展评量表》的评估项目中，小肌肉活动协调能力是特为3—6岁入读幼教机构的幼儿设计的。作者假设被观察及评估的幼儿已能掌握一般三岁以下幼儿已有的小肌肉协调能力，如基本的二指对捏及三指抓握法，手臂在同侧及对侧伸展的能力（ipsilateral and contralateral reach），双手中线转递活动及一手固定协调另一手操作的能力（midline transfer and one hand fixing-one hand moving synergy），故此在《儿童发展评量表》中，小肌肉活动协调能力的评估项目并没有包含一般三岁以上幼儿已有的小肌肉协调能力的评估。

评估范畴细分为两个重点：手眼协调能力及操作工具技巧。手眼协调包括了四个表现项目：搓按、系纽扣、折合及仿画。而操作工具技巧则包括了三个表现项目：能使用剪刀 、直尺和笔具。详见表4–8。

表4–8 小肌肉协调能力的表现项目

重 点	表 现 项 目	
1. 手眼协调能力	1.1	搓按
	1.2	系纽扣
	1.3	折合
	1.4	仿画
2. 操作工具技巧	2.1	使用剪刀
	2.2	使用直尺
	2.3	使用笔具

不同的小肌肉活动，都包含了不同程度的工作复杂性及特定的时空环境要求。因此按照活动深浅程度的差异，把这些小肌肉活动的评估项目分作三个水平。

例如在评估"能掌握手眼协调能力"下的"能搓按"一项时，会按泥团的大小及手部肌肉操作的范围及幅度，把搓按活动的手眼协调能力分成三个水平。

水平一：幼儿固定并平放手腕，通过两臂的前后推动和伸展两手掌心肌

肉来活动。

水平二：幼儿把泥团放进两个手掌的掌心，灵活控制两个前臂的移动方向及幅度，把手掌中细小的泥团搓成圆球状。

水平三：除了要求幼儿把泥团搓得更小之外，更要限制只用前三个指头来搓泥球，让幼儿运用更小的手指，通过相互协调及手掌控制的过程，把细小的泥团搓成圆球状（表4-9）。

表4-9 搓按能力的表现项目

表现项目	水平一	水平二	水平三
1.1 搓按	能固定双手的手腕，用适当力度把泥团在台面上搓成长条状 ☐	能在双手掌心内把泥团搓成圆球状 ☐	能单用前数只手指尖把泥团搓成圆球状 ☐

在评估"能系纽扣"的表现项目时，除了根据系上的纽扣的数目外，更会按纽扣的所在位置来区别水平一或水平二：平放的衣物就比穿在身上的衣服容易系上纽扣；而水平二及水平三则按纽扣的大小、数目及系纽扣的次序，来区分手眼协调的精细度及复杂度（表4-10）。

表4-10 系小纽扣能力的表现指标

表现项目	水平一	水平二	水平三
1.2 系纽扣	能把放置在台面的衣服的一枚直径约两厘米的纽扣系好 ☐	能把穿在身的衣服的2—3枚直径约两厘米的纽扣连续系好 ☐	能按次序把穿在身上的衣服的五枚直径约一厘米的纽扣连续系好 ☐

在评估"能折合"的表现项目时，就以折合的方向及对折角位的精确度决定三个不同水平的工作复杂度。幼儿须视觉判断折合纸张的方向和幅度，并配合双手精细肌肉活动来完成。需注意的是，所采用纸张的大小、质地及厚度，会影响这个活动的难度，从而改变评估结果。所以这个评估项目宜采用一般书店内可购买得到、约15厘米长的手工纸（表4-11）。

表4-11 折合能力的表现指标

表现项目	水平一	水平二	水平三
1.3 折合	能把手工纸向单一方向对折成手工，但未能把角位对齐 □	能把手工纸先后转换方向折合两次成手工，并能把角位大致对齐 □	能把手工纸连续转换方向对折三次或以上成手工，并能把角位对齐 □

在评估"能仿画"的表现项目时，以线条的方向、数目及线条组合的复杂程度，定出三个不同水平的手眼协调程度（表4-12）。

表4-12 仿画能力的表现指标

表现项目	水平一	水平二	水平三
1.4 仿画	能仿画简单的直线及曲线 □	能仿画由两个形状组合而成的简单图案 □	能仿画10画以内的字形 □

至于在"能掌握小肌肉操作工具技巧"方面，在评估"能使用剪刀"的表现时，首先会假设幼儿已掌握一般两岁儿童具备的开合剪刀技巧，意即具备沿着纸边用剪刀剪一下的动作图式，继而再以幼儿能不能连续开合剪刀向前推进进而控制剪刀的方向，确定三个不同水平（表4-13）。

表4-13 使用剪刀技巧的表现指标

表现项目	水平一	水平二	水平三
2.1 使用剪刀	能用剪刀沿长直线连续剪数下 □	能用剪刀转角剪出简单图形，如转方角或圆角 □	能用剪刀转角剪出简单不规则图形，如人或动物形象 □

在评估"能使用直尺"的表现项目中，幼儿一方面要分开手指去固定直尺的两端，同时要用另一只手握笔，然后沿直尺画出直线；当笔锋接触到直尺的时候，往往是挑战幼儿固定直尺能力的时候，因为幼儿手指的跨度要能固定直尺的两端，由此便定出三个不同水平的准则（表4-14）。

表4-14　使用直尺技巧的表现指标

表现项目	水平一	水平二	水平三
2.2 使用直尺 	能有意图地在纸上随意画线，但未能固定直尺去画出直线　□	能一手固定直尺，让另一手去画出约10厘米长的直线　□	能自如地运作直尺，去连接两个距离约15厘米长的标点　□

在评估"能使用笔具"的表现项目时，可按不同手指握笔的方法、手腕控制能力以及手腕和手掌活动的分化程度，把这项表现分成三个不同的水平。手腕控制能力的程度，影响笔杆的挺直度；手腕与手掌活动的分化程度，则影响笔杆移动的灵活度及握笔时的力度（表4-15）。

表4-15　使用笔具的表现指标

表现项目	水平一	水平二	水平三
2.3 使用笔具 	能用手掌心握笔，手掌与手腕一起移动，未能分化手指活动　□	能用手指握笔，但手腕控制欠灵活，使握笔力度过大或过小　□	能用前三指握笔，手腕控制自如，并能顺畅地调整握笔力度　□

在小肌肉活动协调能力的评估中，并未包括一般小肌肉能力评估工具中常见的小肌肉评估项目，例如拼图案板或搭积木、画人或图等，主要是因为这些活动不但要求基本小肌肉活动协调能力，更包含了各种视觉认知（visual perceptual abilities）元素，如背景前景的区分能力（figure-ground discrimination）、视觉空间认知能力（visual-spatial perceptual abilities）等。如硬把这些活动划分为不同水平，结果就变成评估视觉认知能力，而非小肌肉活动协调能力了。故此，这些活动未被纳入小肌肉活动协调能力评估项目之内。

第三节　幼儿体能发展评估示例

学前机构可运用多元化的方式，包括动作检核表、观察记录和相片。教师可参考动作的发展阶段设计检核表，或运用照片或录像片段，以文字描述儿童的表现，记录儿童在进行大小肌肉活动时的协调能力。评估大小肌肉协调表现，均可以形成性评估及总结性评估的模式进行。

在形成性评估方面，教师可在学年内通过各类课程内的大小肌肉协调活动，把幼儿在课堂内经常性或偶发性的大小肌肉协调表现即时记录下来，以评估幼儿当时的大小肌肉协调能力，并作为日后编制课程活动时的前置评估基线（pre-test baseline），从而制定能达到更高水平的要求。

经过一段时间（半学期或一学期）的形成性评估之后，教师可从中了解幼儿体能发展的进展及课程的效能。而在学期末，教师可安排一次总结性的评估，通过进行不同表现项目的评估，了解幼儿体能发展的实际水平，从而作出总结性的评估报告。将课堂所搜集的资料（形成性评估）及学期末的整体性评估（总结性评估）加以整理，便可汇编成儿童档案。

一、形成性评估方式示例

（一）大肌肉发展评估示例

评估大肌肉协调能力，必须检视半年或全年体能活动的课程内容，拟定各主题的评估项目及评估动作（表4-16），确保涵盖不同的评估项目。评估项目内容请参阅本书附录的评量表。

表 4 - 16　大肌肉活动课程及评估内容举例

主题名称	体能活动	表现（评估）项目	评估动作
天气凉了	运食物 （抛接豆袋）	用具操控技能（2.2）	接
交通工具	骑自行车	四肢的协调能力（1.2） 肢体空间的概念（3）	骑自行车 一般空间
海洋公园	海豚顶球 （双脚跳）	移动技能（2.1）	双脚跳
可爱的动物	动物接力赛 （跑、爬）	移动技能（2.1） 肢体空间的概念（3）	跑 水平空间
我长大了	跨栏比赛 （跨跳）	移动技能（2.1）	跨跳

示例1：　身体平衡力

　　儿童的双眼注视平衡木，以双手帮助平衡，以惯用脚带领，要很努力、注意力高度集中才能向前走。

示例2：　肢体空间的概念

　　儿童未能依教师指令做出手部上下摆动的动作。

（二）小肌肉发展评估示例

以下示例引用教师使用《儿童发展评量表》的评估样本及观察记录实例数据。

示例3：使用笔具

观察记录　日期：8 - 3 - 2010　情境：写字时段

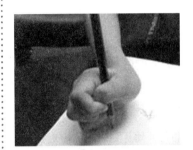

相片1

相片2

佩佩皱着眉头，好不容易才拿起铅笔在大方格纸上写字，可是她的握笔方式跟其他同学很不同。她握笔杆时，有时会"大拇指内缩"（相片1），有时则"手掌弓位收窄"（相片2）；移动笔杆时，手腕硬硬地握着笔把字"画"出来。此外，她写的笔画时而过长，时而过短，字体也忽大忽小，每一个字的部位比例都不对称。她过分用力地握笔，而且写得很慢。过了20分钟，当别的同学已纷纷完成习作，走到别的角落进行自由活动时，佩佩一个人还在努力写字。我（即老师）忍不住对她说："佩佩，自由活动时间已经完了，回家继续做未完的功课吧，同学们在那边等着你呢！"佩佩将铅笔放下，垂着头把功课放进书包。我走过去拖她的手带她过去时，发现她整个手掌都是汗！

佩佩使用笔具的表现属于水平一。由于她的手腕控制欠灵活，当手掌与手腕一起移动时，未能分化手指的活动，因此未能自如地调校执笔的力度。

以下是张老师依照《儿童发展评量表》中小肌肉协调能力表现项目作出的评估记录（表4 - 17）。

表 4 – 17　小肌肉协调能力评估举例

表现项目	水平一	水平二	水平三
2.3 使用笔具	能用手掌心握笔，手掌与手腕一起移动，未能分化手指活动　☑	能用手指握笔，但手腕控制欠灵活，令执笔力度过大或过小　☐	能用前三指握笔，手腕控制自如，并能顺畅地调校执笔力度　☐

二、总结性评估方式示例

（一）检核表

表 4 – 18　检核表举例

动作：双脚跳动表现水平	幼儿1	幼儿2	幼儿3	幼儿4	幼儿5
手部动作					
水平一：手臂的摆动少，未能带动跳跃的动作			✓	✓	
水平二：手臂能带动跳跃的动作	✓				✓
水平三：手臂能有力地向前和向上摆动		✓			
腿部动作					
水平一：双脚起跳和着地的时间不一致				✓	
水平二：双脚大致能同时起跳、同时着地	✓		✓		✓
水平三：双脚能同时起跳、同时着地		✓			
躯干动作					
水平一：身体着地时，重心在后			✓	✓	
水平二：身体着地时，重心在中间					✓
水平三：身体着地时，重心在前	✓	✓			
操作表现					
水平一：动作比较粗略，且不协调			✓	✓	
水平二：能协调及控制动作，但欠流畅	✓	✓			✓
水平三：能有效地控制动作，动作流畅且效率高					

各级教师须一同讨论，厘清所选取评估动作不同表现水平（水平一、水平二、水平三）的操作表征，以达成共识。

（二）评量表

表 4 - 19　评量表举例

重点	表现项目	表现水平			观察记录
		水平一	水平二	水平三	
掌握身体平衡力和四肢的协调能力	四肢的协调能力（骑自行车）	未能掌握动作顺序　□	大致掌握动作顺序　□	能掌握动作顺序　□	能利用脚踏前进及转换方向。
		手脚动作不协调　□	手脚动作大致协调　□	手脚动作互相协调　□	
		动作略为笨拙　□	动作大致流畅　□	动作流畅而有效　□	
		变换方向笨拙、缓慢　□	能控制变换的方向　□	变换方向灵活，充满自信　□	

（三）观察记录表

表 4 - 20　观察记录表举例

幼儿姓名：××
评估日期：　年　月　日

评估项目及评估内容	水平一	水平二	水平三
身体平衡力——行走平衡木			动作流畅，双手能帮助平衡，能轻松地向前、向后走。
四肢的协调能力——攀爬绳网		手脚动作尚算协调及流畅，能顺序掌握动作，但转换方向欠流畅。	

续表

幼儿姓名：×× 评估日期：　年　月　日			
评估项目及评估内容	水平一	水平二	水平三
大肌肉的活动技能 ——双脚跳及跑		动作大致协调，但稍欠流畅及速度；手肘能屈曲摆动；能稍微做出腾空的动作，但不明显；身体能稍向前倾。	
肢体空间的概念——路线		能掌握不同路线的移动，但稍欠流畅。	
乐意参与大肌肉活动			投入活动，有拼搏精神
进行活动时具备安全意识			具备良好的安全意识

整体评语

　　××在大肌肉协调能力发展方面，平衡力发展尚算良好，身体动作大致能协调，但欠流畅。在大肌肉活动技能方面，动作仍未达到成熟阶段，宜多参与大肌肉活动。空间的运用一般，偶尔会与人碰撞。××喜爱参与体能活动，能投入活动，也表现出具有安全意识。

第四节　评估资料的应用

　　分析在课堂内所搜集的形成性评估资料，除了能帮助教师了解个人的教学成效，探究活动设计是否达到预期目标，活动内容是否适合幼儿的年龄发展、能力与兴趣之外，也能帮助教师了解儿童的学习进展，例如儿童在哪些学习项目进展良好，在哪些学习项目存在问题而需要帮助。这些形成性评估的结果便能成为教学编排及决策的依据，更能大大提升和促进教和学的效果。教师识别幼儿的能力表现水平后，可根据评估的分析结果，制定教学目标，从而把评估与课程规划及教学调整连接起来。

一、应用示例

通过园本课程设计，就可以按儿童的发展需要设计出适当的教学活动，从而达到教学目标。张老师为了提升佩佩使用笔具的能力，制定了以下两个教学目标：①增强佩佩的手腕控制能力；②改善佩佩握笔力度的控制能力。故此，为了增强佩佩的手腕控制能力，张老师在每个单元活动中，特意安排各种分化手腕及手指控制能力的学习活动，例如安排让佩佩用手掌推、压以及爬行的游戏活动。

例如在"家庭乐"单元内，张老师设计了"到茶楼吃点心"的角色扮演活动，特别请佩佩扮演点心销售员，使她有机会用手腕推着沉重的点心车，穿插于餐桌之间。在体能活动时段中，张老师又请佩佩扮演工蚁，把"豆袋"食物搬进隧道内（相片 3）。在爬进爬出隧道的动作中，佩佩须运用手腕承托身体，重复这些活动便可强化佩佩手腕的控制能力。

在美艺角内，张老师又预先准备好各种粗细不同的画笔、油画棒、箱头水笔、圆波柄笔等，让佩佩尝试在垂直的画板或白板上面绘画，以训练她的手腕保持挺起的状态（相片 4 及相片 5）。

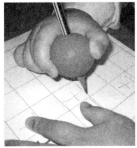

相片 3　　　　　　相片 4　　　　　　相片 5

为了改善佩佩握笔时力度的控制能力，张老师在每个单元活动中，特意安排各种不同力度要求的小肌肉活动，包括各种搓、拉、拧橡皮泥的活动（相片6），或持塑料刀切水果（相片7）、夹衣夹（相片8）等的创意活动，借此增强手掌弓位周围的肌肉控制。此外，张老师更设计了带不同程度笔触力度要求的小肌肉活动，例如让佩佩尝试用箱头笔在塑料泡沫上写出茶楼的招牌、点心的价目等。当佩佩用力过大时，笔尖会即时吸在塑料泡沫面上，令她难于继续书写或绘画，故即时能产生负面强化作用，令佩佩"放软"握笔的力度。此外，张老师也鼓励佩佩用铅笔芯写字，因为当用力过大时，笔芯会即时折断，那么佩佩便要学习使用不同的手指肌肉力度和关节活动幅度，调校自己操控笔杆的力度，以控制写字的力度。

相片6   相片7   相片8

最后，持续地为幼儿作形成性评估是非常重要的，因为可以借此检视教学活动能否提升幼儿的小肌肉协调能力至更高的表现水平。倘若评估发现佩佩的握笔能力已达到另一个水平时，张老师便须调整教学目标。

二、评估与教学须知

此外，在实行形成性评估的过程中，教师必须能区分评估与教学的不同任务，善于利用评估结果鹰架幼儿大小肌肉能力的发展，把评估结果运用于教学。

进行小肌肉评估时，教师必须通过教学活动去观察及判断幼儿的表现水平，留意评估项目内所指定小肌肉协调活动的操作要求以及这些要求所代表的小肌肉协调能力水平。教师不应随意改变工作的复杂程度，以确保该评估工具的可靠度及可信度。例如评估项目1.3，教师必须采用一般书店内可购买得到的、约15厘米长的手工纸给幼儿折合。若评估时改用大而挺的硬卡纸的话，所要求的折合技巧就变得复杂及困难得多了。

然而，在应用评估资料于教学实践时，教师往往会刻意改变各种工作要求，以改变工作的复杂程度，让幼儿能通过各种动作经验，去探索及使用已有的动作协调能力以同化其他小肌肉活动，找寻新的动作图式去调适未能做到的小肌肉活动，借此鹰架幼儿的小肌肉协调能力至更高的水平。相反，如教师只重复训练及使用同一项小肌肉活动，则幼儿只能学会刻板的技巧（splinter skill），而不懂得触类旁通，灵活地把技巧运用在其他的能力上。

例如为了巩固或提升幼儿的折合技巧，教师在"过春节"单元的"折新年贺卡"活动中，可特意选用硬卡纸以增加折合的难度，让幼儿从过程中加倍留意对合纸边角位（相片9）。而当幼儿已能按评估项目2.1的要求，用剪刀沿纸上直线来剪之后（即已达水平一），便可以尝试调校剪刀方向去剪方角（发展水平二）。而为了巩固其水平二的转角技巧，教师可特意让幼儿剪裁不同质地的材料，如请幼儿剪裁塑料袋去制作围裙（相片10），汲取经验，以巩固其水平二的剪刀转角技巧。

相片 9   相片 10

结　语

幼儿与幼儿之间存在着个别差异，发展速度也不相同。有些儿童发展较快，很早便已掌握成熟的基础动作技能；有些幼儿发展较慢，甚至不能掌握某些动作的技能。因此，教师应该尊重幼儿的差异，不应用评估结果去评定幼儿动作发展的优劣，而需按照幼儿大肌肉活动协调能力的进展而作出相应的调整，以更有效地促进幼儿大肌肉活动协调能力的发展。如幼儿在平衡能力方面的发展不够理想，教师便应按照评估的资料拟定一个促进平衡能力发展的体能活动。幼儿动作能力的提升，必须经过练习、变化、鼓励和指导，因此教师在设计行走平衡木的活动时，应从各种不同的探索性活动开始，例如伸出双手、伸出一只手、双手下垂、双手一上一下等，然后根据个别幼儿的评估表现而给予个别指导。当大部分幼儿都能掌握动作后，再给予一些限制或挑战，例如双手持物、单手持物等练习及比赛。通过各种不同的活动，借助不断的练习和修正，幼儿的平衡能力才能充分发展。

此外，各种幼儿教育模式都倡导幼儿以操作性活动的方式来学习。由于体能协调能力的发展是其他发展范畴的基础，因此尤其需要用操作方式。盼望每一位幼儿教育专业人士，都着重体能活动协调能力的评估，并多费心设计各式各样的学习活动，务求使幼儿的体能协调能力得到完善的发展。

参考资料

（1）儿童发展评量表研究小组．2007．儿童发展评量表．香港：香港教育学院．

（2）张杏冰，陈艳媚，曾君兰．2007．体能发展［M］//黄艾珍，容燕文，杜陈声佩．幼教课程本位的儿童评估模式——应用指引．香港：香港教育学院．

（3）Gallahue，D. L. 2006. Understanding motor development：infants，children，adolescents，adult［M］．Boston，Mass.：McGraw Hill.

（4）LURIA，A. R. 1973. The working brain［M］．New York：Basic Books.

（5）MILLER，P. H. 2002. Theories of developmental psychology［M］．New York：Worth Publishers.

（6）NEWELL，K. M. 1986. Motor development in children：Aspects of coordination and control［M］．Amsterdam：Martinus Nijhoff Publishers.

（7）PATTERSON，T. S. Constraints：An integrated viewpoint［J］．Illuminare，2001，7（1）：30－38.

（8）PIAGET，J. 1952. The origins of intelligence in children［M］．New York：International Universities Press.

（9）WICKSTROM，R. L. 1983. Fundamental motor patterns［M］．Philadel-phia：Lea & Febiger.

第五章

幼儿情感及社会性发展的评估

为幼儿提供"全人教育"是幼儿教育的总目标（香港课程发展议会，2006），幼儿园因此必须创设均衡的课程，除了培养幼儿的智力外，也须培育幼儿的情感及社会性发展，以增进幼儿对自我潜能的了解，培养他们积极乐观的人生态度，使他们学会适应群体生活。幼儿在离开父母及家庭进入学前机构时，借着与环境及群体的互动作用，会不断改变对自己和别人的态度。教师必须理解幼儿的情感及社会性发展特征，并在日常教学过程中评估幼儿的表现，从而提供适当的辅导。

本章将会介绍情感及社会性发展理论及其评估重点，并解释这一范畴的评估如何与课程结合，然后提供具体例子，阐释如何在课堂内进行真实性评估。文中会引用数个范例说明搜集例证的方法、发展水平的厘定准则及如何跟进幼儿学习，以提升学与教的成效。

第一节　幼儿情感及社会性发展理论

一、幼儿情感发展理论

情感或称为情意，是个体在团体中表达的对自我、同伴、学校的各种感觉及态度（黄月霞，1989；张春兴，1989）。近年教育学者普遍关注如何通过学校教育，陶冶学生的情操，使学生能养成乐于求知的兴趣与勤奋求知的态度（唐淑华，2004）。克拉斯沃（Krathwohl，1973）认为个人的情感包括态度、动机、对事物接受或拒绝的程度、价值观、理想或偏好，亦即是幼儿对自己的态度，例如自我概念、自我管理等。其后加德纳（Gardner，1993）及戈尔曼（Goleman，1995）先后提出了内省智能和情绪智能等概念，肯定了情感教育在学习过程中应有的价值。

很多相关的研究指出，情绪智能影响学生的学习进度，因此情感教育得到大众的广泛关注及认同。幼儿的自我意识尚在发展中，正确的自我形象和自我意识对幼儿尤其重要，因此情感发展的培育目标有三：①培养健全的自我概念，提升幼儿的自尊心和自信心；②引发幼儿的好奇心，从而提升其学习热忱；③强化自我管理能力，例如处理情绪的能力等（容燕文　等，2007）。

情感发展有阶段性，并非依年龄而发展（黄月霞，2002），主要是从个人基本情绪的表达开始，再扩展到对父母及同伴相处时情感的投入、个人认同、自我反省等，进而达到对自我想法独立自主地控制（Gradaza，1985）。克拉斯沃（Krathwohl，et al.，1964）认为人类情感活动有层次之分，先要完成低层次情感目标，才能逐步迈向高层次情感目标。他认为情感活动有五个层次。

第一，接收（Receiving）。指个体注意到环境中出现的事情或改变，但会停留在关注的层面，其行为反应尚未受到情境的影响。例如幼儿察觉到扮演角内的道具，于是走进扮演角玩耍，但他不一定喜欢那些道具。

第二，反应（Responding）。当个体开始产生有意识的行为时，会主动注意事物，并积极参与或作出反应。例如幼儿不仅愿意每次到扮演角玩耍，而且表现积极，并从中获得满足，之后或会谈及扮演游戏的经验。

第三，取向（Valuing）。当个体的自我意识进一步提高时，他们不仅有自愿的行为，还会对事情、现象或行为及经验作出价值评定。例如幼儿认为扮演角的东西应该收拾整齐，他不但愿意自己动手收拾，更会提醒同伴保持整洁。

第四，组合（Organization）。指个体把新的价值取向纳入已有的价值系统内，但他会调整价值取向，分配行事的优先次序。例如个体如果发觉自己很喜欢戏剧，便会自愿投入更多时间参与戏剧活动。

第五，价值显化（Characterization by value）。这是情感的最高层次，指个体能建立个人的信念、人生观、社会观和性格，将价值内化为自己行事的信念和态度（王佩玲，2002）。在这一最高阶段，新的价值观会透过一连串一致性的行为而显露出来。例如如果个体热爱戏剧，他肯定会公开地向人表露。

由于幼儿的价值系统尚在发展中，幼儿在教室内较少展现最高的那两个层次的行为（王佩玲，2002），而幼儿教师的任务就是提升幼儿情感活动层次，帮助他们建立积极的自我观、价值观和态度（香港教育统筹委员会，1999；香港课程发展议会，2006）。

二、幼儿社会性发展理论

社会性是指个体在社会化过程中，通过学习和掌握社会行为准则而形成的心理和行为特征。幼儿借着社会化的过程，学习所处社会或团体所认可的行为及价值观，渐渐发展适应群体生活的能力，并被接纳为群体中的一员。幼儿通过不同的方式与身边的人和事互动交流，学习与人交往的方式及社会认可的行为（Schickedanz, Schickedanz, Forsyth & Forsyth, 2001）。

个体的社会性发展会经历几个固定的阶段，每一个阶段的社会行为有赖于两个重要因素之间的互动：①儿童认知发展水平；②儿童所经历的社会经验。皮亚杰指出1—3岁的幼儿仅能依他们实际所感觉到的东西去思考，这个时期的认知发展特征为自我中心主义（egocentric）、直接推理及有知觉集中倾向（perceptual centration，郑丽玉，2006）。因此，学前期幼儿社会性发展的特征是自我中心强，他们也善于通过模仿成人或其他儿童去学习社会行为。由于他们仍缺乏道德意识，因此不能分辨是非善恶。

4—6岁幼儿则会开始运用他们的心智能力，依事物所代表的象征意义去联想。有了这种能力后，幼儿行动的范围得以增加，也能借语言来表达自我感受（曹佩珍，2005）。这个时期的幼儿已意识到自己的兴趣，必须开始学习如何与他人交往，如何与他人沟通，如何负起责任。他们更要遵守规则和解决困难，以发展集体适应能力，而游戏是培养幼儿社会性的最重要的活动。

幼儿的社会性行为与特质的发展，并无固定的模式，且维系的力量相当薄弱，年纪愈小，愈需要教师的引导。成功的社会化，在于幼儿能否把所处社会或团体所定的规则及标准内化，不用成人提示及监控；在没有奖励的推动或惩罚的阻碍时，也能积极地表现这些合乎社会的期望及备受赞许的行为（图5-1）。幼儿教育特别重视幼儿在交友、解决冲突及在团体中生活的各种技能，以提升幼儿社交能力、参与集体活动的适应能力及责任感及公德心。

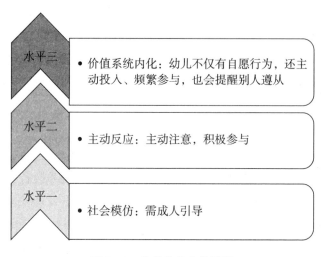

水平三 · 价值系统内化：幼儿不仅有自愿行为，还主动投入、频繁参与，也会提醒别人遵从

水平二 · 主动反应：主动注意，积极参与

水平一 · 社会模仿：需成人引导

图5-1　幼儿的社会化进程

第二节　课程与情感及社会性发展评估的结合

一、检视评估重点及表现项目

根据情感及社会性发展理念和教育目的，香港教育学院儿童发展评量表研究小组具体列出了这个范畴的评估重点（表5-1）。下文将解释与此范畴相关的概念。

表 5 - 1　幼儿情感及社会性评估重点及表现项目

评估范畴	重点	表现项目		
情感	1. 自我概念	1.1 认识自己	1.1.1	认识自己的生理特征
			1.1.2	认识自己的心理特征
			1.1.3	认识自己的身份
		1.2 对自己作出正确的评价	1.2.1	争取机会表现自己
			1.2.2	勇于表达自己的诉求，维护自己的权益
			1.2.3	愿意接纳别人的批评
			1.2.4	能面对失败，并尝试克服困难
	2. 自我管理	2.1	独立自主地完成活动	
		2.2	积极参与活动	
		2.3	活动兴趣广泛	
	3. 表达情感的能力	3.1 认识、了解及接受不同的情绪	3.1.1	认识自己的情绪
			3.1.2	认识他人的情绪
		3.2	能以适当方式表达自己的情绪和需要	
		3.3	情绪稳定	
社会性	4. 社交能力	4.1	能适应集体生活	
		4.2	接受集体生活的规范	
		4.3	能接受别人的提示和意见	
		4.4	待人有礼	
		4.5	懂得爱护同伴	
		4.6	懂得分享、合作、有互助精神	
		4.7	能主动与他人交流	
		4.8	被同伴接纳，与人建立良好的关系	
	5. 责任感和公德心	5.1	能承担责任	
		5.2	懂得爱护公物	
		5.3	保持环境卫生	
		5.4	保持清洁	

评估范畴	重点	表现项目	
社会性	5. 责任感和公德心	5.5	珍惜食物
		5.6	珍惜用水
		5.7 遵守纪律	5.7.1 遵守外出活动的安全守则
			5.7.2 遵守公开场合的规则
		5.8 有保护环境意识和行为	5.8.1 喜爱自然环境
			5.8.2 具有环保意识

（一）自我概念

自我概念是指幼儿对自己的认识，包括对自身的特质、能力、态度和价值的认识（Berk，2006）。劳伦斯（Lawrence，1987）认为自我概念（self-concept）是指幼儿对自己身体和心理特征的全部看法和评价，包括自我形象（我是谁?）、理想的我（我应该是怎样的?）和自尊感（我对自己的感觉和评价，是"我是谁"和"理想的我"之间的差异）。表现项目 1.1 "认识自己"的观察重点在于幼儿对自己身体形象（特质和能力）的认识，表现项目 1.2 重在幼儿如何评价自己，幼儿对得失和批评的反应及维护自己权益的能力。

（二）自我管理

自我管理主要是指幼儿在决定活动的目的后，能在活动过程中不断检视进度和效果，最终达成目的（Berk，2006），也就是指幼儿对学习的热忱和好奇。布朗逊（Bronson，2000）认为认知的自我管理包括：能投入广泛的活动，能进行多步骤或较复杂的活动，能选择适合自己的活动并专注地完成活动。幼儿认知的自我管理可通过分组自选活动而展现，因此，自我管理的观察重点在于幼儿的独立自主度、专注度及坚持度（表现项目 2.1）、参与活动的积极度（表现项目 2.2）及兴趣广泛度（表现项目 2.3）。

（三）表达情感的能力

情感是个体的主观感受，每个人通过表达情感把内在的想法传达到外界。

它可以归纳为对己和对人两方面："对己"是对自己情感和反应的觉察、理解、调控和表达，"对人"是对他人情感和反应的觉察、理解、调控和表达（Salovey & Mayer，1990）。

表现项目3.1是观察幼儿的移情能力，即幼儿对情感的认识和描述，如何把自己的情感与别人的情感区分开来，当发觉自己的情感与别人不同时又如何回应。表现项目3.2是观察幼儿情感的维持和表达，即幼儿能够以安全及适当的方式来表达情感，而非压抑情感。表现项目3.3的观察重点是幼儿情绪的调控能力，特别是能否克制自己即时的需要。

（四）社交能力

社交能力是指幼儿在团体中生活的技能，包括幼儿在群体生活中的适应力、与同伴及成人的交往能力，这些能力会通过游戏及参与教室内的团体活动展现出来（McClellan & Katz，2001）。

表现项目4.1—4.8是观察幼儿的游戏模式，重点是观察幼儿怎样与同伴交往，以理解他们是否需要很多的支持与练习才能与同伴和谐地相处。幼儿的社会性发展会通过群体生活反映出来，而教师可把观察所得资料作为厘定幼儿社会性发展水平的凭证。

（五）责任感和公德心

责任感是指承担义务的心理认识，公德心是指注重公众利益的精神和态度。这两种态度均属于道德发展。"道德"一词包含了理论和实践。"道"是指方法、道理、思想，"德"则是人类共同遵循的规范，涉及品行及行事作风（台湾"教育部"）。贝克（Berk，2006）指出道德发展是学习社会认可的正确行为和准则，并且内化成为自己行事作风的一部分。学习如何承担责任及发展公德心，以完成作为团体一分子的责任，是幼儿教育课程中一个重要元素。

表现项目5.1—5.4是针对幼儿对个人以至团体的责任感及公德心（表5-1）。表现项目5.1是观察幼儿履行所分配责任时的态度是否积极、乐意及尽力，是否具有责任感。表现项目5.2、表现项目5.3及表现项目5.4延伸至幼儿对学校内环境及对象的责任感及公德心。这些表现项目要求观察幼儿使用学校设施及教材的方式及了解他们对保持环境卫生及清洁的态度。

表现项目5.5及表现项目5.6关注的是幼儿对待食物及水的态度。食物和水都是珍贵的社会资源，因此这些行为涉及整个团体的福利。表现项目5.7是关于幼儿在公共场合应遵守的规则及应有的态度。若幼儿的行为未能符合规定或期望而可能会骚扰他人的话，便会影响团体或社会的和谐。从这些表现项目中，也可反映幼儿在校外时公德心方面的发展。表现项目5.8是幼儿对地球环境的爱惜。通过这项目，可以观察幼儿对自然环境的态度及爱护环境的行为，这也表现幼儿对生活的地方，包括社区、国家甚至是地球的责任感（容燕文，林美嫦，蒋雅德，2007）。

评量表以上述表现项目为分析幼儿情感及社会性发展架构，并以三个不同行为表现水平为参照准则。三个级别的表现水平并非以幼儿的年龄来分层，而是按幼儿行为的品质及频率。

二、资料搜集与存档

幼儿的个人态度、情感、价值观、理想、偏好及与人交往的能力常在日常生活中表现出来，要观察他们这方面的表现并不困难。然而，教师若能拟定清晰的情感及社会性教学目标，设计配合教学目标的学习活动，再检视在这些活动中幼儿表现出的情感及社会性行为及态度，在自然情境下观察幼儿如何与自己和群体相处，便能理解幼儿的发展水平并提供适切的辅导。以下借用一个幼儿班的单元计划来说明怎样把情感及社会性评估与课程连接起来。

附件一显示了"独特的我"这一单元主题的概念网。教师确定了不同年龄幼儿要掌握的有关情感及社会性的基本概念，包括身体构造、自我认同及情绪感觉等，并拟定相配合的教学目的。教师若检视《儿童发展评量表》的情感范畴评估重点（表5-1），便会发现教学设计正好配合"认识自己"及"表达情感的能力"两个表现项目。

教师在组织"提升幼儿对自己的认识"的活动时，可设计一些教学活动以反映幼儿如何认识自己。例如在分辨男女服饰的自选活动中，幼儿会为自己挑选适合不同场合和身份的服饰。教师亦可于讲述《上学的第一天》故事后进行角色扮演，让幼儿表达在不同处境中的感受，教师则从旁观察，看看幼儿有没有混淆角色，能不能适当表达自己的情感，从而提供适时的辅导，这样教师便可把评估融入教学之中。

幼儿每天在幼儿园与群体相处，会经常表现出他们的社交能力、责任感和公德心，教师也可在偶发性及经常性的活动中搜集幼儿的发展例证。适合进行观察的环节包括早会、主题活动、自选活动、外出参观和特别活动等。例如图 5-2 的"好宝宝奖励计划"。

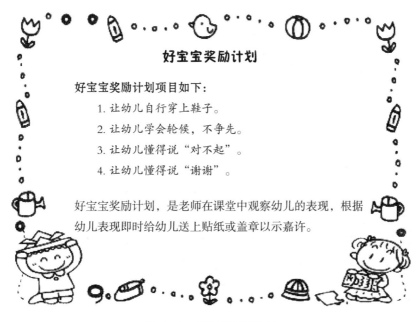

图 5-2 好宝宝奖励计划

附件二的单元计划显示了幼低班单元"我的家"一周的教学重点及目标。在模拟家务分工时，"当小助手"活动可反映幼儿的责任感，"角落活动"会反映幼儿的群体适应及社交能力，自选活动则最能反映幼儿的自我管理能力，这些时候都是观察幼儿的大好机会。

此外，教师也可邀请家长参与评估，通过问卷搜集幼儿在家时的自我管理和责任感的表现，或请幼儿评估自己在家的表现。

教师可运用逸事记录、时间取样、事件取样、照片式社交评量等方法记录资料，详细、客观地描述所观察的事件，避免对幼儿作出主观的判断。遇上偶发事件，便应立即用笔记录，否则很容易忘记。

教师按评估内容安排重点观察，并配合园本教学计划，每天挑选两至三位幼儿作重点观察。附件三提供了一个幼儿班的具体观察计划以供参考。在评估过程中，教师一边观察，一边把观察资料重点记录于小记事本中（表5-2），待放学后或稍后有空时，再整理观察记录。

表5-2 逸事记录表格

观察对象：		年龄：		观察日期：	
观 察 者：		情境：		时 间：	
观察重点：		表现项目：			
观 察		分 析		跟 进	

搜集结构性资料时，可运用数码照相机、录像机或录音机摄录幼儿活动时的对话，方便教师更仔细地了解每一位幼儿，同时也为将来任教该班的教师提供资料文件。教师须了解幼儿情感及社会性发展的理念、评估重点及表现项目，才能客观地分析资料，准确地辨识幼儿的辅导需要。

第三节　幼儿情感及社会性发展的评估示例

下面将引用一些示例说明教师搜集资料的方法，并运用研究小组设计的评量表厘定幼儿情感及社会性发展水平的准则。

一、自我概念

示例1阐释了一位四岁班的老师如何通过幼儿工作样本及逸事记录法搜集资料，以了解幼儿依羚的"自我概念"。

示例 1：**幼儿自我概念** ·····

表 5-3　幼儿自我概念评估举例

幼儿姓名：依羚　　　　　　学习活动：美工活动、自选活动
级　　别：幼低班（四岁）　评估方法：幼儿作品样本分析、逸事记录法
观察重点：自我概念

表现项目		表现水平			观察记录
		水平一	水平二	水平三	
1.1 认识自己	1.1.1 认识自己的生理特征	对自己的生理特征（身体各部分的名称、位置和功能）有初步的认识 □	对自己的生理特征（身体各部分的名称、位置、功能、样貌和身体特征）有基本的认识 □	对自己的生理特征（身体各部分的名称、位置、功能、样貌和身体特征）的认识正确、全面、清晰和稳定，不容易受情境或别人影响 ☑	7/2 陈老师请依羚描述自己的作品，她说："这个是我，我是短发的，前面也有头发。我画了眼睛、鼻子和嘴巴。"
1.2 对自己作出正确的评价	1.2.1 争取机会表现自己	很少争取机会表现自己，不会对自己的成就感到自豪，对别人的注意和称赞感到害羞或不自然 □	在成人的鼓励和引导下，愿意尝试表现自己，对别人的注意表现自然 ☑	积极争取机会和自信地表现自己，对自己的成就感到自豪，乐于接受别人的赞赏 □	15/3 依羚玩橡皮泥时捏出了一个造型，同伴凯晴说："你是师傅，不是厨师。"然后依羚转向老师说："聂老师，凯晴说我是师傅啊！"说话时非常开心。

续表

表现项目		表现水平			观察记录
		水平一	水平二	水平三	
1.2 对自己作出正确的评价	1.2.2 勇于表达自己的诉求，维护自己的权益	不愿意或用非语言和强烈的方式表达自己的需要和意愿（如哭泣、大叫）□	用行动来坚持自己的需要和意愿，或用语言向成人求助☑	自信地用适当的语言或行动来表达需要和意愿□	7/2 收拾玩具时，依羚与同伴争着收拾玩具，依羚以行动坚持，但没有用言语向成人求助。
	1.2.3 愿意接纳别人的批评	介意别人对自己的合理批评和意见☑	有时会接受别人对自己的合理批评和意见□	乐意接受别人对自己的合理批评和意见□	7/2 收拾玩具时，依羚与同伴争着收拾拼图。同伴向老师投诉依羚，老师劝她们不要争，请依羚去收拾其他玩具，这时依羚说："是我先来收拾的……"说时面露不悦之色。

　　从依羚的美工样本，可见她已能用灵活的剪纸技巧，剪出自己的发型，并在眼睛上画眼睫毛，手工细致纯熟。她常以"我"讲述此作品，显示出她已有清晰的自我概念（表现项目1.1），对自己的生理特征有正确的认识，而且全面、清晰及稳定，表现属水平三（表5-3）。

　　通过逸事记录，聂老师了解依羚会争取机会表现自己，因此当同伴凯晴说依羚是"师傅"而不是普通"厨师"时，她显得十分高兴和自豪，并立即告诉聂老师，这反映她对自己有正面的自我观，积极争取表现自己的机会，乐于接受别人的赞赏，表现属水平二（表现项目1.2.2）。可是在另一次观察中，聂老师却发觉依羚在争取机会自我表现时，未能开放自己去接纳别人的意见，因此在"愿意接纳别人的批评"（表现项目1.2.3）的表现是水平一

（表5－3）。

二、自我管理

示例2是五岁班的刘老师运用次数统计法及逸事记录法，观察小弘在自选活动时进入区角的情况，从而了解小弘的自我管理能力。

示例2：幼儿自我管理能力

表5－4　幼儿自我管理能力评估举例

幼儿姓名：小弘	学习活动：自选活动
级　　别：五岁班	评估方法：次数统计法、逸事记录法
观察重点：自我管理	

表现项目		表现水平			观察记录
		水平一	水平二	水平三	
2.自我管理	2.1 独立自主地完成活动	很少能独立地从多项活动中选择一项活动参与，即使在成人协助下仍表现得犹豫不决（例如喜欢指派的活动，不愿意做决定） ☐	在成人的协助下，能在多项活动中选择一项活动，再从一项活动转到另一项活动 ☐	能经常审视环境中的活动机会，自行选择多项活动，完成一连串的活动 ☑	29/11：在自选活动时，他在生活体验角中取了彩色夹子教具，在桌上进行活动。老师赞赏他说："你真棒呀！做得对！"他笑了，之后到图书角看图书。

续表

2.自我管理	2.2 积极参与活动	参与活动的时间短暂，容易分心或放弃　□	在成人或同伴协助下，可以专注地投入活动，延长活动的时间，直至完成活动　☑	在活动过程中，不需要成人的提醒和安排，能独立、专注和积极地进行探索（例如尝试不同的玩法）　□	19/12：自选活动中，他先到感官角取主题盒工作了 10 分钟，之后到语文角取了图卡配对，然后到感官角工作约 10 分钟，再到生活体验角工作，取了食物拼图游戏，约玩了 5 分钟之后，与同伴到图书角看图书。 6/1：自选活动中，他先到语文角操作与主题"火"相关的教具，其后选择了英文工作卡和配词卡温习，接着操作钓鱼教具，有时候需要老师协助。
	2.3 活动兴趣广泛	兴趣单一/狭窄　□	兴趣只集中于某些活动　☑	兴趣广泛　□	

根据观察统计，小弘对生活经验角、语文角和图书角的活动都感兴趣，再综合几次观察资料分析，老师发现小弘能独立地选择活动，在进行活动的过程中专注度高，态度积极，能按部就班地完成活动，有需要时也会找老师协助，显示他的自我管理能力颇高。因此，他在表现项目 2.1 "能独立地完成活动"和表现项目 2.2 "积极参与活动"的表现是水平三，而表现项目2.3 "活动兴趣广泛"则处于水平二（表 5-4）。

三、表达情感的能力

幼儿的情绪是短暂、强烈和容易改变的，对事物的反应也有很大的差异。

教师若能正确了解这些情绪特征，辨识哪些属于正常的情绪反应，哪些反应可能是情绪障碍，便能有效地辅导幼儿的情绪发展。示例3的三岁幼儿嘉嘉活泼开朗，她的情感表达能力很强。以下是黄老师对她的观察。

示例3： 幼儿情绪发展评估

表5-5 幼儿情绪发展评估举例

幼儿姓名：嘉嘉	学习活动：自选活动、故事活动、模拟活动
级 别：三岁班	评估方法：逸事记录法
观察重点：表达情绪能力	

重点	表现项目		表现水平			观察记录
			水平一	水平二	水平三	
表达情感的能力	3.1 认识、了解及接受不同的情绪	3.1.1 认识自己的情绪	能辨识开心、不开心及愤怒的情绪 □	能辨识喜乐、兴奋、愤怒、恐惧、悲伤等情绪，并且把自己的情绪区分开来 ☑	了解自己在不同情况中会产生不同的情绪 □	7/2 主题活动中，老师出示一些有关情绪的大图卡（包括喜悦、兴奋、悲伤、愤怒的情绪），请儿童模仿并指出产生这种情绪的原因。嘉嘉的表现十分好，她能模仿图卡的样子并说出跟情绪有关的行为的例子。 5/2 嘉嘉描述自己制作的脸谱时，她说："不开心，会哭，所以有两滴眼泪。"于是老师问她什么时候会不开心，她回答："姐姐（佣人）骂我和我不乖的时候。"

续表

	3.1 认识、了解及接受不同的情绪	3.1.2 认识他人情绪	能察觉别人开心、不开心及愤怒的感受和表达方式	能描述及接受别人有不同的表达感受的方式，懂得尊重别人 ☑	明白和关心别人的感受和需要，并能用语言或行动回应 ☐	15/1 嘉嘉早上一上学便告诉黄老师说："芷茵在门外不停地哭。"跟着又说："芷茵是不是想家了?" ☐
表达情感的能力	3.2 能以适当方式表达自己的情绪和需要		很少表达自己的情绪和需要，当有负面情绪时，会用强烈的语言和肢体动作来宣泄（例如发脾气、伤害他人或自己） ☐	尝试表达自己的情绪和需要，当有负面情绪时，有时能用一些恰当的表达方式（例如哭泣、告诉别人） ☑	能清楚表达自己的情绪和需要，当有负面情绪时，能用恰当的话语或行为来表达，主动寻求协助或慰藉 ☐	1/3 于农历新年过后，班中有一位学生哭了几天，但今早嘉嘉突然在教室大哭，叫着："我要工人姐姐接我放学。"老师回应和安慰说："我给姐姐打电话，你别哭，好吗?"
	3.3 情绪安稳		情绪经常波动，但在成人的安抚下会平静下来 ☐	大部分时间情绪安稳，并表现出延迟满足和自我控制的能力 ☑	经常保持情绪稳定，面对变化或困难时仍表现轻松、坚强和正面的态度 ☐	16/2 在学校举行元宵节活动，有舞龙舞狮时，嘉嘉突然变得惊慌并哭起来，她说十分害怕。

嘉嘉能辨识一些基本的情绪，在课堂内能正确表达不同的情绪，她有的时候亦能察觉别人的情绪和需要，例如看见同伴芷茵在哭，便联想到她可能因为想家了，因为她自己亦曾因思念家人而哭。她虽然察觉同伴不开心的情绪，但仍然未能用适当的言语及行动回应，而且没有上前安慰她。因此她在"认识他人情绪的表现"上是水平二。她在有需要时会主动寻求老师协助，

常有即时满足的心理需要。她会对环境的转变产生恐惧甚至大哭起来，因此她在几个与表达情绪能力相关的项目上的表现是水平二（表5-5）。

四、社交能力

在《儿童发展评量表》中，社会性发展评估的范畴可细分为两个重点，即社交能力以及责任感和公德心。示例4引用了黄老师的观察手记，当中记录了五岁班的心娴与同伴之间的对话，从中可理解心娴的群体生活适应能力。

 示例4：幼儿社交能力

表5-6 幼儿社交能力评估举例

幼儿姓名：心娴			学习活动：自选活动	
级　　别：五岁班			评估方法：事件取样法	
观察重点：社交能力				

重点	表现项目	表现水平			观察记录
		水平一	水平二	水平三	
4. 社交能力	4.1 能适应群体生活	与其他儿童一起玩耍，但很少交谈或交换玩具，偶尔会观察和模仿对方的行为 □	通过成人的引导，能和其他儿童一起玩耍，彼此交谈、分享及交换玩具 □	在没有成人督导下，与其他儿童一起进行合作性游戏，甚至会自行制定简单游戏规则 ☑	在自由活动时，心娴与三位女同学走进家庭角的厨房内，在玩具箱内拿走一个充气锤子，然后在厨房玩问答游戏，心娴首先主动订下规则，说："答错就要敲一下。"然后看着对面的同学说："你们猜猜我今天有没有带贴纸簿？"坐在她对面和右面的同学说"有"，左面的同学则说"没有"，心娴用左手食指指着各同学说："你对，你也对，你错。"接着用锤子轻轻地、慢慢地打在答错同学的头上。

心娴与同伴建立了联系感，能结伴进行合作性游戏。她把厨房作为设计活动的地方，又邀请同学入内参与活动。她主动设计游戏方式，并扮演发问者及裁判的角色，反映她渐露领导的潜能。心娴虽然只有五岁，但已展现八岁儿童的社交特征，可见她的社会性发展比较快。故此，她在表现项目 4.1 的表现水平是三（表 5-6）。

教师在评估幼儿时，可自行设计检核表，表中列出要观察的社会行为表现项目。以下是三岁班的黄老师设计的《幼儿社会行为检核表》（表 5-7）。

表 5-7 幼儿社会行为检核表举例

观察日期：1/12
观察情境：分组活动
观察时间：上午 10：00—10：30

社会行为表现	儿童姓名			
	小怡	嘉嘉	小敏	轩轩
1. 攻击别人				
2. 与同伴竞争				
3. 抢夺		✓✓		
4. 破坏				
5. 安静地轮候	✓✓	✓	✓✓	✓✓
6. 贡献自己的纸张、食物、文具等	✓	✓	✓	✓
7. 与同伴分享（一起工作）		✓✓	✓✓	✓✓
8. 安慰，帮助同伴				✓
9. 把物品借给别人	✓	✓	✓	✓
10. 互助合作		✓	✓	✓
11. 拥抱，轻拍同伴	✓	✓		✓

注：在幼儿出现该行为时打"✓"。

检核表资料显示班内多位幼儿已开始适应群体生活，他们愿意与同伴玩耍，也常表现出有利于社会的行为。最令老师关注的是嘉嘉的抢夺行为。为了进一步了解嘉嘉对群体生活规范的理解和与同伴相处的情况，教师运用逸事记录法，观察她与同伴互动的情况，详情见示例 5。

示例5：幼儿社会行为

表5-8　幼儿社会行为发展评估举例

幼儿姓名：嘉嘉　　　　　学习活动：自选活动
级别：三岁班　　　　　　评估方法：检核表、逸事记录法
观察重点：社交能力（社会行为）

重点	表现项目	表现水平			观察记录
		水平一	水平二	水平三	
4.社交能力	4.2 接受群体生活的规范	在成人或同伴的提示下遵守课室规则 ☑	在没有同伴或成人的提示下会自行遵守课室规则 ☐	明白幼儿园及课室有特定规则和制定规则的原因，除自行遵守外，亦会提醒别人遵守 ☐	28/2 老师让收拾玩具及排队，但嘉嘉并没有遵从，她自行走进洗手间内。当老师发现时，她好像并没觉得自己的行为不对。
	4.3 能接受别人的提示和意见	很少拒绝或反抗别人的提示和意见，纵使不明白仍会遵从 ☐	能接纳别人的提示，若有不同意见，会立刻表达自己的观点 ☑	能耐心聆听成人或同伴给予的提示和意见，细心分析后会作出回应 ☐	1/3 与同伴一起玩集体游戏时，嘉嘉想抢别人的玩具，老师看到立刻阻止，嘉嘉便停止抢同伴的东西，但她回应老师说："我不是想抢他的。我问她可否给我玩一会儿，她说不愿意。"
	4.6 懂得分享、合作；有互助精神	初步意识到合作、分享、轮流、退让等多种交往方式，但经常需要在成人提示下才能根据具体情境选用恰当的方式与人交往 ☐	能主动根据具体情境选用恰当的方式与人交往，例如合作、分享、轮流、退让等，但有时仍需要成人或同伴提醒 ☑	乐意参与合作性的活动，能经常根据具体情境选用恰当的方式与人交往，充分表现分享、互助、合作精神 ☐	27/2 在门外的模拟角落中，嘉嘉扮买东西的客人，手持购物篮去与同学一起进行模拟购物游戏。接着嘉嘉主动与同伴要求交换角色，她想做售货员一角，同伴不太愿意，她便抢了别人的收银机。老师看见后，提醒她做得不对的地方。

　　嘉嘉愿意接受群体生活的规范，但仍未了解个中原因。在活动过程中，她能遵守秩序，但有时也会与同伴争玩具或不懂礼让，因此她在表现项目4.2及表现项目4.3处于水平一。由于她有时会表现抢夺的行为，故她在表现项目4.6处于水平二（表5-8）。

　　同伴关系在幼儿社会化过程中扮演了重要的角色。表现项目4.7是观察幼儿与别人相处的意愿，指标是幼儿在群体中是主动热情地与人交往，还是表现退缩或冷漠。表现项目4.8是评价幼儿能否建立良好的同伴关系。缺乏社交技巧的幼儿，会难于结交朋友，甚至被同伴孤立或拒绝。

　　五岁班的小铭学习时很专注，但社交技能则较弱，老师留意到他不善于向人表达自己的感受和需要，害怕被同伴孤立（表5-9）。通过多次观察及所得资料，老师对小铭有更深入的认识，详见示例6。

示例6：幼儿同伴关系

表5-9　幼儿同伴关系评估举例

幼儿姓名：小铭　　　学习活动：自选活动、体能活动
级别：五岁班　　　　评估方法：逸事记录法
观察重点：社交能力（同伴关系）

重点	表现项目	表现水平			观察记录
		水平一	水平二	水平三	
4.社交能力	4.7 能主动与他人交往	对交往活动表现冷漠的态度，常喜欢独处	主动对同伴或成人表示友好，乐意与他人交往	主动与别人接触，不喜欢独处，对周围的人表现出热情态度	22/11：自由活动时开始玩扑克牌，有几位同学请小铭一起玩，他欣然接受。后来同伴离开家庭角，小铭没有跟随，仍独自玩扑克牌，并尝试寻找多种玩法，如排列数字、寻找相同等，完成时会高兴地请老师观看。
		☑	☐	☐	12/1：茶点时，身边的小朋友与小铭愉快地交谈。
					22/2：体能活动时开始玩主题角游戏，小铭长时间站在收银机旁看着小朋友游戏，偶有两次自行触摸玩具后放回，其时并没有与人交谈/交换玩具。

续表

重点	表现项目	表现水平			观察记录
		水平一	水平二	水平三	
4.社交能力	4.8 被同伴接纳，与人建立良好的关系	被同伴拒绝、排斥或孤立 ☐	有一个或几个朋友，得到同伴的关心 ☑	受同伴欢迎，常被选做玩伴，意见常会得到同伴的赞同、拥护和响应 ☐	6/12：在体能活动时，独自进行抛球活动达 10 分钟之久。偶尔有一个朋友主动给予皮球与他一起玩。 9/2：在食物周主题游戏活动时，小铭跟两位小朋友（子轩、俊维）愉快地谈挂在自己身上的食物牌名称，分享自己日常的饮食习惯。 24/2：在自选活动时间，小铭要选择活动，他先看小朋友（可怡、隽杰、彦泽）玩飞行棋，然后一起参与，一会儿便自行去电脑角看别人玩电脑，又到玩具角挑选玩具，然后又被嘉骏邀请玩火车棋。

透过细心观察，老师了解到小铭的性格虽然内向，与人相处的主动性低，但若同伴邀请他一起玩耍，他会欣然接受，也因此获得友谊。故此，他在表现项目 4.8 被同伴接纳方面属水平二（表 5-9）。

五、责任感和公德心

要了解幼儿的责任感和公德心，可以通过观察幼儿在不同处境下所作出的道德行为，而这些行为常在自然环境下展现。示例 7 是陈老师对四岁班的凯瑶的观察。

示例 7：幼儿责任感和公德心

表 5 – 10　幼儿责任感和公德心评估举例

幼儿姓名：凯瑶　　　　　学习活动：自选活动、茶点活动、赏花活动
级　　别：幼高班（五岁）　　评估方法：事件取样法
观察重点：责任感和公德心

重点	表现项目	表现水平			观察记录
		水平一	水平二	水平三	
5.责任感和公德心	5.3 保持环境卫生	未能养成保持环境卫生的习惯，例如常随地抛垃圾，如厕后忘记冲厕，患病时不戴口罩等 ☐	有时能表现出保持环境卫生的习惯，例如不随地抛垃圾，如厕后冲厕，患病时戴口罩等 ☐	经常表现保持环境卫生的习惯，不随地抛垃圾，如厕后冲厕，患病时戴上口罩，把垃圾桶盖好等，亦会提醒别人注意环境卫生 ☑	自选活动时，凯瑶在做美劳后收拾桌面的纸屑并抛入垃圾箱内，更提醒别人要一起收拾。
	5.5 珍惜食物	吃茶点或进餐时经常多取，或玩弄食物。会把吃不完多余的食物随意丢弃，并不明白这样做会造成浪费 ☐	吃茶点或进餐时偶尔会多取，有时会把不能吃掉的食物随意抛掉，未能明白这样做会造成浪费 ☐	吃茶点或进餐时经常只取自己能吃的分量，会尽量把食物吃完，并明白随意抛弃食物会造成浪费 ☑	茶点活动时，凯瑶把自己碟子的食物吃光后才再添取食物，同时，亦把所添取的食物吃光。

续表

重点	表现项目	表现水平			观察记录
		水平一	水平二	水平三	
5.责任感和公德心	5.8.1有保护环境意识和行为	对自然环境不感兴趣，例如在成人的引导下，仍对自然事物不感到好奇　□	喜爱自然环境，在成人的引导下愿意探索自然事物　□	热爱自然环境活动，主动探索自然事物　☑	凯瑶在春天赏花活动时，利用放大镜观察树叶，并用手轻轻触摸。

　　凯瑶在不同情境中展现了她的责任感和公德心。她不但懂得保持卫生及环境清洁，还能珍惜资源。她不但自己会实践公德行为，更会提醒别人跟随，反映她逐渐把一些道德价值内化为她行事的信念和态度，因此老师认为她在评量表内的几个表现项目中均属于水平三（表5－10）。

　　本节通过上述几个实例，阐明了教师如何运用不同的观察方法，在不同时段搜集资料，以了解幼儿的学习与发展。

第四节　评估资料的应用

　　教师获得幼儿的资料后，会整理及综合分析，借此检视学与教的成效。例如示例1的聂老师在综合观察资料时，发觉在整年的教学计划里，很少为幼儿提供认识自我的机会，与认识自我相关的主题只曾在学期开始时通过单元"独特的我"涉及过；而示例2的刘老师则发觉园里并未把环保教育纳入课程内，因此未能评估幼儿这两方面的学习表现及发展。于是两位老师便分别把这些发现与反思记在"跟进建议"栏内，以便提醒自己，在下次组织课程时要加强"自我认识"及"环境保护意识"的培育。

至于幼儿学习方面，老师可将幼儿的表现结果与学习目标比较，然后撰写评语。以下是聂老师对示例1的依羚在情意及社交发展方面的评价及跟进建议。

在情意发展方面，依羚的自我概念发展很好，对自己的喜恶亦很清晰，能经常独立自主地完成活动。而在社会性发展方面，依羚也颇受同伴欢迎，唯有时未能接受同伴或老师的意见和批评，偶尔会出现不快的情绪。依羚不容易接受别人的批评，反映她仍未建立正向的自我观，亦未能肯定自我价值，遇到批评会感到沮丧。老师可通过赞许依羚来提升其自我肯定及信心，并且帮助她发展内省智能，使她了解每个人有自己的长处和局限性。

又如示例2的小弘，刘老师通过对他的综合分析，发现他能主导自己的学习，在过程中表现专注、积极和有条理。统计发现小弘对生活经验角和图书角的活动特别有兴趣，但对美工活动没有兴趣。于是老师按小弘的表现作出以下跟进建议，并重新设计课程与教学计划。

老师在鼓励小弘继续在生活经验角进行感官探索和在图书角进行阅读的同时，亦会协助他发掘其他活动的乐趣。由于小弘的认知能力比同龄的幼儿高，老师可安排一些高层次的思维活动，以提升他对探索活动的兴趣。另外，老师要观察其他幼儿在美工角活动的表现，以了解此角落的活动性质能否引起幼儿的兴趣。

示例3和示例5的黄老师观察到班中大多数幼儿的整体表现符合3—4岁幼儿的发展特征，自我意识逐渐提高并开始适应群体生活。他们大部分已学会遵从成人的提示和意见，并且意识到须学习轮流、分享和合作等利社会行为。在成人的指导下，他们懂得基本礼仪并学习承担责任，唯有时仍需要成人提醒与人交往的基本礼貌和公德心。此外，老师也察觉到幼儿在不同的表现项目中会呈现个别差异，就如班中的嘉嘉仍在适应群体生活，尚需老师多方辅导。老师按她的需要作出以下跟进建议。

嘉嘉的自我意识逐渐提高，知道自己的需要，外显行为反映了三岁幼儿典型的自我中心思维特征。老师宜多培养她的移情能力及延迟满足能力，以助她发展更和谐的人际关系。老师可给予她更多机会练习交往礼仪，例如用语言表达自己的需要，学习轮流而不推挤、分享而不强取等社会行为。老师应多注意她与同伴的交往情况，并利用奖励的方式强化她的利社会行为。

示例4的心娴是个较早熟的女孩，她在各方面表现不俗，且具有领导才能。老师的跟进建议如下。

提供更多练习社会技巧的机会，并且赋予她更多责任，例如请她担任小导演或编剧，这样可增加角色取代能力及合作行为，使她有更高的成就感。

同伴对幼儿成长具有正向的功能，良好的同伴关系不仅能促进学习，还能提升幼儿的情绪。示例6的小铭在交友方面尚欠主动，老师对他的辅导建议如下。

多鼓励小铭与同伴玩耍，可通过教学活动培养小铭的合群习惯，例如多设计一些合作游戏及扮演游戏，因为当小铭与同伴一起游戏及完成任务时，便会自然地与同伴交往。

示例7的凯瑶在责任感和公德心方面都发展良好，陈老师若适时给予她赞赏，可强化她的正向行为和内化道德观念，老师对她的辅导建议如下。

凯瑶已掌握了重要的社会规范，包括良好的生活习惯，老师可进一步提升她对各种问题进行道德判断及提出问题的能力，例如选择社会上偶发的重要事故或生活中发生的事件作团体讨论的题材，以助她建立正确的价值观，并鼓励她身体力行，实践道德规范。老师可给凯瑶布置一些任务，进一步建立她的责任感，强化她对所属班级及幼儿园的归属感。

结　语

上述的示例阐明了教师可通过一项活动搜集多个不同表现项目的例证。只要教师有周详的计划，便不难掌握观察重点。总的来说，在自然情境中评估情感及社会性行为表现是有效的评估形式，它不但可补充传统测验的不足，还能为教师提供有用的信息，给予幼儿适时的回馈。21世纪是个充满挑战和压力的时代，未能有效管理自我情感或社会性能力的人，在学习及与人相处时可能会遇到重重困难，因此，我们必须给予幼儿适宜的情感和社会性教育。幼教工作者若能善用评估，根据幼儿的发展水平因材施教，提供适当辅导，将会为他们日后心智的健康发展，奠定重要的基础。

附件一： 幼儿班主题教学计划

单元名称：独特的我

目的：

1. 认识身体的名称；　　2. 认识五官四肢的功用；

3. 学习照顾自己；　　　4. 能接纳自我；

5. 养成良好的健康习惯。

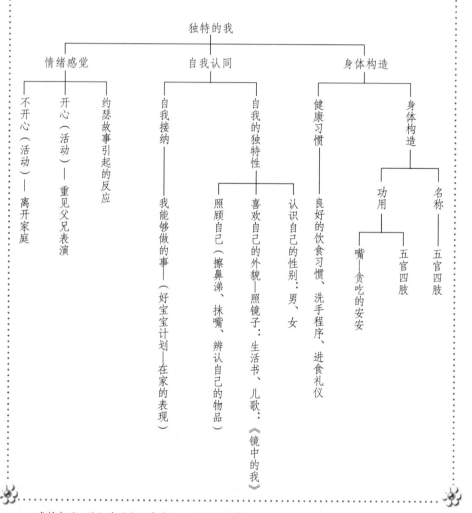

资料来源：修订自平安福音堂幼儿园主题教学计划

附件二：幼低班主题教学计划

单元名称：我的家

目的：

1. 了解诺亚的家庭故事；

2. 认识自己的家庭成员；

3. 了解家居生活；

4. 能学习照顾自己；

5. 能顺从、尊敬长辈；

6. 能与同辈友好相处、关心同辈；

7. 感到家庭生活的乐趣。

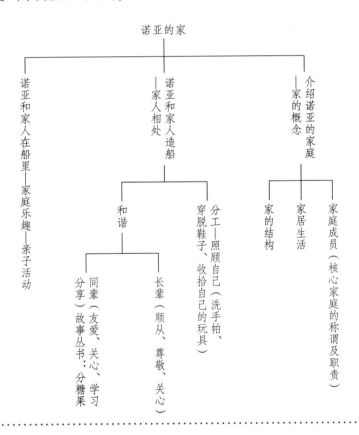

资料来源：修订自平安福音堂幼儿园主题教学计划

附件三： 课程本位儿童发展评估计划

	3/1（二）	4/1（三）	5/1（四）	6/1（五）
早会	儿童三①、儿童四	儿童五、儿童六	儿童八、儿童九	儿童十、儿童七
主题活动	儿童五、儿童六	自我概念——儿童八、儿童九（全组）	儿童十、儿童七	儿童一、儿童二
茶点	小助手	小助手	小助手	小助手
自选活动	儿童八、儿童九	儿童十、儿童七	自我概念——儿童一、儿童二（全组）	儿童三、儿童四
音乐	儿童十、儿童七	儿童一、儿童二	儿童三、儿童四	儿童五、儿童六
体能	儿童一、儿童二	儿童三、儿童四	儿童五、儿童六	儿童八、儿童九

	9/1（一）儿童一、儿童二	10/1（二）儿童三、儿童四	11/1（三）儿童五、儿童六、儿童七	12/1（四）儿童八、儿童九、儿童十
早会	情感表达	情感表达	情感表达	情感表达
主题活动	情感表达	群体适应及社交能力	模拟吃火锅群体适应及社交能力	吃火锅（全组）——责任感/公德心群体适应及社交能力
茶点	责任感/公德心	责任感/公德心	责任感/公德心	责任感/公德心
自选活动	自我管理	自我管理	自我管理	自我管理
音乐	情感表达	情感表达	情感表达	情感表达
体能	群体适应及社交能力	群体适应及社交能力	群体适应及社交能力	群体适应及社交能力

资料来源：修订自平安福音堂幼儿园主题教学计划

---

① 应幼儿园要求，表中以数字代替幼儿姓名。

参考资料

（1）台湾"教育部". 国语辞典［EB/OL］. ［2007－3－13］. http：//
140. 111. 34. 46/dict.

（2）王佩玲 . 2003. 幼儿评量与辅导［M］. 台北：心理出版社.

（3）张春兴 . 1995. 教育心理学［M］. 台北：东华书局.

（4）香港教育学院 . 2007. 儿童发展评量表.

（5）唐淑华 . 2004. 说故事谈情意：西游记在情意教学上的应用［M］. 台北：
心理出版社.

（6）容燕文，林美嫦，蒋雅德 . 2007. 情意及群性发展［M］//黄艾珍 . 课程
本位的儿童评估模式——应用指引 . 香港：香港教育学院.

（7）香港课程发展议会 . 2006. 学前教育课程指引.

（8）曹佩珍 . 2002. 幼儿行为辅导［M］. 台北：华腾文化股份有限公司.

（9）黄月霞 . 1989. 情感教育与发展性辅导［M］. 台北：五南图书出版股份
有限公司.

（10）BERK，L. E. 2006. Child development［M］. Boston：Pearson Education.

（11）BRONSON，M. B. 2000. Self-regulation in early childhood：Nature and nur-
ture［M］. New York：The Guilford Press.

（12）GARDNER，H. 1993. Frames of mind：The theory of multiple intelligences
［M］. New York：Basic Books.

（13）GOLEMAN，D. 1995. Emotional intelligence［M］. New York：Bantam
Books.

（14）KRATHWOHL，D. R.，BLOOM，B. S.，& MASIA，B. B. 1973. Taxonomy
of educational objectives，the classification of educational goals. Handbook
II：Affective Domain［M］. New York：David McKay Co.，Inc.

（15）LAWRENCE，D. 1987. Enhancing self-esteem in the classroom［M］. Lon-
don：Paul Chapman.

（16）MCCLELLAN，D. E. & KATZ，L. G. Assessing young children's social com-
petence［EB/OL］. ERIC Digest. ED450953 2001－03－00 ERIC Clearing
house on Elementary and Early Childhood Education Champaign IL，

2001. http：//ericeece. org/pubs/digests/2001/mccle101. html.

（17）SALOVEY，P. & MAYER，J. D. Emotional intelligence. Imagination，Cognition，and Personality ［J］，1990，9：185 - 211.

（18）SCHAFFER，H. R. 1996. Social development ［M］. Oxford：Blackwell.

（19）SCHICKEDANZ，J. A. ，SCHICKEDANZ，D. I. ，FORSYTH，P. D. ，& FORSYTH，G. A. 2001. Understanding children and adolescents ［M］. Boston：Allyn and Bacon.

（20）香港教育统筹委员会. 建议的教育目标 ［EB/OL］. http://www. e. c. edu. hk/chs/online/index_ c. html.

（21）郑丽玉. 2006. 认知心理学：理论与应用 ［M］. 台北：五南图书出版股份有限公司.

（22）Gradaza，G. M. ，David，K. ，Brooks，J. The development of social / life-skills training movement ［J］. Jounral of Group Psychotherapy，Poychodrama & Sociometry，1985，38（1）：1 - 10.

第六章

幼儿美感发展的评估

第一节　幼儿美感及创意发展理论

　　"美感"是指人对于美的感受、体验、欣赏与精神愉悦，当中包含了个人对美的感受与理解能力。斯波代克和萨拉克（Spodek & Saracho，1998）将美学定义为对美的喜爱以及衡量美和个人品位的标准。每个人都有不同程度的美感能力，然而，这不是天生的能力。由于"美"没有客观、唯一的标准，是相对主观的感受，因此，审美就是对于美的主观反应、感受、欣赏与评价，而这种对美的理解，会因文化及社会所定的标准而产生文化差异及个别差异（Mayesky，2002；百度百科，2010；伍振鹜，林逢祺　等，2000）。由于美感经验是个人在美术鉴赏或创作过程中，经知性分析后的情感反应，所以，我们也可尝试客观地分析这种主观的感受，明白社会、别人或自己对美的要求，从而调节个人对美的要求。幼儿美感发展就是他们通过对周围事物的注意程度使理性与感性得到平衡的发展（黄壬来，2005）。

　　创意（creativity）是每个人都拥有的特质，只是有些人的创意较弱，容易受外界因素（如环境、教育）所影响；有些人则拥有较强的创造力，能根据不同的情境来表现自己的想法（Mayesky，2002）。我们也相信创造力并非只是"无中生有"，也是"有中生有"（黄壬来，2005）和"有中生新"（陈龙安和朱湘吉，1999）。创意发展并非单靠天分，更依靠后天的努力和培养。

创造力有许多不同的定义，陈龙安（1995）曾综合不同的学说解释创造力，认为创造涉及三大层面，即创造的能力（ability）、创造的过程（process）及创造的人格（personality），创造力包含以下五种能力：

（1）敏觉力——对问题或环境的敏感度；

（2）流畅力——能对同一问题产生许多观念或解决方法的能力；

（3）变通力——能从多角度思考同一个问题的能力；

（4）独创力——能设想到独特、非凡的想法的能力；

（5）精密力——不断补充新概念、精益求精的能力。

创造是一个历程，包括准备期、酝酿期、豁朗期及验证期四个阶段。创造力强的人，往往具备一些人格特质，如好奇心强、爱冒险、富有想象力等。学前阶段的幼儿正处于创造能力发展的黄金时期（Gardner，1982）。

总体而言，每位幼儿都拥有美感和创意能力，幼儿在这两方面的发展会受到其他范畴的发展的影响（如认知、语言、身体动作等），同时更受着文化及社会的影响（Kindler，1996；Kindler & Darras，1997；Davis，1997），因此相关的环境刺激、知识及技巧的学习等元素是不容忽视的。

第二节　课程与美感发展评估的结合

由于美存在于自然、社会和艺术之中（楼必生，屠美如，1998），美感与创意常常被视为艺术教育的重要元素。《幼儿园教育指导纲要》（试行）指出，幼儿艺术教育的目标之一就是让幼儿感受并喜爱环境、生活和艺术的美。香港课程发展议会（2006）指出，幼儿艺术活动包括了音乐、戏剧、舞蹈和视觉艺术等。故此，这一章将以香港幼儿教育课程中最主要及常见的艺术活动——音乐及视觉艺术，作为评估幼儿美感与创意发展的例子。

在进行评估时，教师必须注意到美感与创意发展和其他范畴有一定的分别，其主要分别有二：①美感与创意的表现受幼儿对媒介的认识程度的影响；

②美感与创意发展不一定随年龄而增长。

（一）美感与创意的表现受幼儿对媒介的认识程度的影响

美感与创意发展的表现涉及幼儿的思考与表达能力。幼儿有很多不同的想法、美感与创意，需要通过不同的媒介（如说话、音乐、绘画、拼贴和舞蹈等）来表达，因此幼儿园便需给幼儿提供学习相关媒介的机会，以提高幼儿对不同媒介的认识和兴趣。这些知识和技能的学习，会影响幼儿选择运用哪一种媒介来表现个人的美感及创意。如音乐家莫扎特在能够以音乐表现他超卓的美感与创意之前，他必须有机会接触及学习音乐；即使他有着同样的接触视觉艺术的机会，也不一定对视觉艺术有同样的兴趣和卓越表现。同理，有些画家能以平面的绘画形式来表现自己的美感与创意，然而他们不一定能以立体的陶塑表现出同样的美感与创意。

（二）美感与创意发展不一定随年龄而增长

美感与创意发展受认知与体能发展的影响，然而它不像其他范畴，会跟随年龄、心智、体能增长而自然成长及发展。换言之，年长的孩子甚至成人不一定比年幼的孩子更富美感与创意。虽然教师评估时要考虑幼儿的能力、认知及他们的已有经验，但是不要把幼儿的认知能力及生理上的成熟程度等同于他们在美感及创意方面的发展情况。

评估幼儿的美感及创意发展，可于学习活动或在应用相关概念的学习情境中进行。例如：

（1）在学习艺术知识及欣赏艺术技巧的活动中，观察及记录幼儿以下的表现：是否积极地进行探索？是否敏锐地观察到不同事物的形态和变化？是否能表达自己对这些事物的个人感受？

（2）在创作活动中，观察及记录幼儿以下的表现：是否投入地讨论、思考？是否会挑选他们喜爱的素材？是否对自己的作品有要求？如何运用不同的艺术元素和概念等已有经验来表现自己的想法？

因此，教师应注意在课堂上是否提供了充足及多元化的媒介学习机会与经验。在评估时，教师应对幼儿在不同媒介的表现作出多角度及持续的观察，才能了解幼儿运用哪种媒介的表现最好，然后加以培养。除了评估幼儿的作品之外，也要注意幼儿在创作过程中的表现，例如把意念转化成作品时有没有遇到困难，以便调节课程，这也是评估幼儿发展的重要目的。

一、检视评估重点及表视项目

幼儿美感发展的评估项目见表6-1。

表6-1　幼儿美感发展评估项目及表现水平

评估项目		表现水平		
		水平一	水平二	水平三
1.1 乐于参与创作活动		反应冷淡	尝试投入	积极投入
1.2 能尝试及运用不同的材料或方法		材料运用或方法单调	能探索一些材料的特性或尝试运用方法处理材料	能发挥材料的特性或运用多种方法/材料去创作
1.3 内容表达能力（个人的经验、感受和想法；对外界的关注）		表达能力弱/内容单薄	有时能表达个人意念	常常能明确表达个人意念/内容丰富
1.4 运用基本艺术知识的能力	1.4.1声音：力度、节奏与速度、音高、音色、长短	很少运用有关的知识	能运用一些不同的知识	能运用多种不同的知识
	1.4.2 视觉艺术：点、线、面、形、体、色彩、质感、构图、组织原理	很少运用有关的知识	能运用一些不同的知识	能运用多种不同的知识
1.5 技巧	1.5.1 音乐：歌唱、乐器、律动	单调、生疏	练习阶段	多样化、纯熟
	1.5.2 视觉艺术：画线/形、涂色、调色、撕、剪、贴、印刷、搓捏、立体建构、工具运用	单调、生疏	练习阶段	多样化、纯熟

续表

评估项目	表现水平		
	水平一	水平二	水平三
1.6 创造力 （观察力、多样性、扩散性思维、独创性、精密性及解难能力；个人见解）	弱	一般	强
1.7 能欣赏自己的作品或表演	表现冷淡，带有否定的态度；不善于表达感受或描述、解释自己表现的特质	表现平淡，投入态度一般；能表达一些感受或局部描述及解释自己表现的特质	表现专注，持接纳态度；能清晰细致地表达感受或描述及解释自己表现的特质
1.8 能欣赏生活中美的事物、别人的作品或表演	表现冷淡，带否定的态度；弱于表达感受或描述并解释它们的特质	表现平淡，投入态度一般；能表达一些感受或局部描述并解释它们的特质	表现专注，持接纳态度；能清晰细致地表达感受或描述并解释它们的特质

二、资料搜集与存档

从音乐活动与视觉艺术活动来评估幼儿的美感与创意发展时，教师必须先注意这两类活动在性质上的基本区别。

（一）音乐

多以全班形式进行，通过运用声音（包括人的声音及乐器声）、身体动作现场表现，少有可作记录的具体作品。

（二）视觉艺术

多以个人形式来进行，过程中幼儿有较多自主的机会，美感与创意展现在创作过程、作品及作品欣赏时的口头描述中。

因此，两者在评估的方法和例证搜集方面也有所不同。音乐是声音的艺术，学习的形式以活动为主。一般情况下，教师多在课堂上观察，以逸事记录形式记录幼儿的表现及学习情况，即逸事记录为主，录像、录音及相片为辅。

在视觉艺术活动中，除了拍下作品作例证存档外，留意幼儿在参与过程中的表现也十分重要，如观察他们怎样组织整体构思，从而创作出能表达个人想法的作品。这些资料可以是逸事记录、相片、录像和录音。视觉艺术表现可以作品和活动的相片等记录为主，对话及逸事记录为辅。

音乐活动多以全班形式进行，教师在观察及评估幼儿时可行的方法包括：①在每节活动中，集中观察2—4位幼儿；②设计特别的活动项目来观察所有幼儿在某方面的表现。

视觉艺术活动多以个人的形式进行，有时以合作的形式进行。幼儿园一般安排两类美术活动：①课程指定的美术活动；②幼儿自发和自选的美术活动。

从以下的记录中，我们会看到中班的小霖（表6-2）在参与音乐创作活动的表现就比大班的怡怡（表6-3）更投入，表现能力亦更强。

表6-2　中班幼儿（小霖）音乐创作能力评估举例

表现项目	表现水平	观察记录	
		例证（逸事记录）	解释
1.1 乐于参与音乐创作活动	三	17/3 音乐开始，小霖把双手高举放在头部左右两旁作"V"字手势，身体半蹲着向前跳，又笑着跟其他儿童一边谈话一边跳。音乐停止，小霖停止动作并开心地笑。音乐再开始，他伏在地上，双手左右交替向前爬行，不时发出笑声。音乐停止，小霖停止动作。 29/3 老师播放音乐不久，就有一位儿童说："我好害怕！"小霖说："我觉得好像起火了！"另一位儿童说："我觉得好像皇帝跟公主结婚呢！"小霖接着说："不，我觉得是森林起火，快走呀！快走呀！"	小霖经常愉快地参与活动，用心感受音乐，并加入丰富的身体动作、发挥想象力来回应音乐。

表6-3　大班幼儿（怡怡）音乐创作能力评估举例

表现项目	表现水平	观察记录	
		例证（逸事记录）	解释
1.1 乐于参与音乐创作活动	二	24/3 怡怡跟着旋律一边摇摆、一边拍手，还不时跟身旁的同伴微笑。 30/3 怡怡慢慢走到钢琴旁，轻轻坐下，闭上双眼，聆听歌曲。	怡怡尝试运用身体配合音乐进行创作。

第三节　幼儿美感发展的评估示例

一、音乐

以下例子以个别幼儿为单位，通过两节音乐活动的逸事记录来评估幼儿美感及创意发展的水平。有时在同一节的逸事记录中，可以评估多项表现项目。

表6-4　大班幼儿（怡怡）美感发展（音乐方面）评估举例

表现项目	表现水平	观察记录	
		例证（逸事记录）	解释
1.1 乐于参与音乐创作活动	二	24/3 怡怡跟着旋律一边摇摆一边拍手，还不时跟身旁的同伴微笑。 30/3 怡怡慢慢走到钢琴旁，轻轻坐下，闭上双眼，聆听歌曲。	尝试运用身体配合音乐进行创作。

续表

表现项目	表现水平	观察记录	
		例证（逸事记录）	解释
1.2 能尝试及运用不同的音乐元素	一	24/3 怡怡用"哈"代替"啦"哼出旋律。 30/3 怡怡运用乐器配合四拍子的节奏敲打。	很少运用不同的音乐元素，没有探索发声效果及节奏的变化。
1.3 内容表达能力	二	24/3 怡怡模仿同伴的动作，伸出双手食指和中指扮演小兔子。 30/3 配合音乐与情节，做出吹气球的模样。	多模仿同伴的动作，但亦会尝试通过幻想配合音乐活动的进行。
1.4 运用音乐基本知识的能力	二	24/3 跟着旋律一边摇摆一边拍手，音乐开始的 4 小节节拍不太准确。 30/3 使用乐器后说："双铃的声音很长，而响板的声音很短，敲打的时候，双铃只需稍为用力，而响板却要用力打。"	参与节拍与音准练习，没有完全准确掌握。能体会乐器的特性。
1.5 技巧	二	24/3 怡怡用"哈"代替"啦"唱出 d, r, m, f, s。 30/3 怡怡："双铃的声音很长，而响板的声音很短，敲打的时候，双铃只需稍为用力，而响板却要用力打。"	参与节拍与音准练习，没有完全准确掌握。能体会乐器的特性。

续表

表现项目	表现水平	观察记录	
		例证（逸事记录）	解释
1.8 能欣赏生活中美的事物、别人的作品或表演	二	24/3 学习唱新歌的时候，会模仿同伴所做的动作，伸出双手食指和中指扮演小兔子，配合词曲唱出新歌。 30/3 一直看着老师如何介绍乐器的运用，随后更主动选择喜欢的乐器配合四拍子的节奏敲打，还主动跟同伴交换另一种的乐器继续学习。当老师请幼儿比较两种乐器的音色时，怡怡立刻举手说："双铃的声音很长，响板的声音很短，敲打的时候，双铃只需稍为用力，响板却要用力打。"	欣赏别人表达对音乐感受的方法，然后模仿；能细致分辨乐器的声音。

改善或跟进建议：

　　怡怡乐于参与音乐活动，是一位细心的欣赏者，能欣赏同伴的表演以及乐器音色，然而在利用音乐表达个人感受与想法的表现上较为逊色。老师需要进一步注意怡怡通过不同媒介表现的美感与创意，以确认怡怡的整体美感与创意发展水平。

表 6-5　小班幼儿（小芳）美感发展（音乐方面）评估举例

表现项目	表现水平	观察记录	
		例证（逸事记录）	解释
1.1 乐于参与音乐创作活动	二	27/3 音乐活动开始时，老师请幼儿拖手围成圆圈作准备，小芳很快便找同伴拉手。当老师邀请幼儿唱"问安"歌时，小芳把手摆放在身后，与大家一起唱歌、做鞠躬的动作。 30/3 早会开始时，扩音器播放出歌曲，小芳跟随老师按着歌曲节奏拍手，身体也随着老师轻轻地左右摆动着。当老师邀请幼儿站起来一起跳舞时，小芳很快地站起来，向两旁的幼儿微笑。	小芳积极投入音乐活动，主动跟着老师跳舞。

续表

表现项目	表现水平	观察记录	
		例证（逸事记录）	解释
1.3 内容表达能力	一	27/3 幼儿随着音乐扮演喜欢的动物动作，老师一边讲解一边示范。当老师请幼儿选定想扮演的动物时，小芳只模仿老师所示范的动物。	小芳在活动中常模仿老师的动作，很少表达个人的想法。
1.6 创造力	一	30/3 老师一边讲解一边示范，小芳同时坐在地毯上模仿老师做的动作。	
1.4 运用音乐基本知识的能力	三	27/3 在音乐游戏中，当听到歌曲时小芳便随意走动。当唱到要躲起来的一段时小芳便蹲下来，表示她没有被花猫捉住；当歌曲再次响起时，小芳便再站起来面带满足感继续玩，直至老师向幼儿表示游戏结束。	小芳能正确地辨别出乐曲、音色的转变，并敏捷地作出相对的反应。
1.7 能欣赏自己的作品或表演	二	30/3 音乐响起，小芳便跟随老师一起做动作，其间她不时向身旁的幼儿微笑，更在做最后一个跳高举起手的动作时，大声地笑出来。	小芳流露出对自己表现的满意情绪。

改善或跟进建议：

　　小芳整体表现投入，对音乐的感受敏锐，能自然及自由地运用身体及身体动作来表达对音乐的感受，只是受制于有限的生活经验，以致在"动物"这类具体想象的活动中表现力较弱。教师宜多拓展幼儿的知识面以提升幼儿的美感与创意表达空间。

　　此外，我们也可以个别特定的音乐活动为单位，评估幼儿在音乐方面的美感及创意发展水平，这样的设计及安排有助于教师集中注意幼儿在某些评估项目中的表现。以下节录了大班一个音乐活动中的一小部分作说明，当中的观察对象是臻（女孩子）及浩（男孩子），老师特别注意两位幼儿在音乐停止时，如何做老师所描述的定型动作。

表6-6 通过特定音乐活动评估幼儿美感发展水平（音乐方面）举例

表现项目	表现水平	观察记录	
		例证（逸事记录）	解释
1.6 创造力	臻：三 浩：三	臻和浩在音乐活动中随意运用身体做出圆形，他们可以个人和围圈等方式做出圆形的动作。 音乐停止时，臻把双手放在胸前围出圆形，但当看到别人跟自己的动作一样时，她立即改变为双手高举在头上圈成圆形的动作，又主动牵别人的手围圈。 浩起初表现得较被动和举棋不定，不会维持自己原有的动作，也跟着别人一起围圈。老师后来请幼儿做"变得最小"的动作时，其他人都蹲下或拖着全身，只有浩站着缩起肚子。	➤臻和浩都在活动中表现得很投入，愿意随着音乐做出不同动作。 ➤臻积极在短时间内做出一连串动作，并能留意别人的动作而改变自己原来的动作，显出其拥有敏锐的观察力。 ➤浩需要较多时间思考创作，但当他专注于自己的创作后，他能发挥其独创力和变通力，不再跟随别人的动作，反而坚持做着与别人不同的动作。

二、视觉艺术

现在以小班和大班的实例来说明如何以逸事记录和相片的方法来评估幼儿个人美感与创意的发展。小班只是观察一个活动，大班则以整个学期来评估。两种形式均无不可，重点在于能展示幼儿在该段时期中最优秀的表现。以下内容主要由原任老师提供，小部分经笔者修订。

表6-7   小班幼儿（凯茵）美感发展（视觉艺术方面）评估举例

表现项目	表现水平	观察记录	
		例证（逸事记录）	解释
1.1 乐于参与创作活动	三	在创作过程中，凯茵积极、投入地参与创作，自主地决定创作的内容、使用的材料等，表现出愉快的情绪。这都显示出凯茵乐于参与创作活动。	
1.2 能尝试及运用不同的材料或方法	二	在创作中，凯茵能运用玻璃杯、纸张、有胶贴的彩色胶片等进行创作。在运用有胶贴的彩色胶片时，她把有胶贴的彩色胶片当做双面胶纸使用，即在胶片的另一边张贴其他的材料，可见她能尝试一些方法运用材料。	
1.3 内容表达能力（个人的经验、感受和想法；对外界的关注）	二	凯茵："我画了图画。""我要做一只鞋子。"	凯茵能明确地运用口语作辅助，向同伴及老师表达个人创作的意念。
1.4 运用基本视觉艺术知识的能力	二	在创作中，凯茵剪出一个鞋形图案的彩色胶片。	凯茵能运用形状——其中一个基本艺术知识——来创作。
1.5 技巧	二	在创作时，凯茵能运用撕、剪、贴等技巧，表现出一定的技巧操控能力。此外，她用水笔在玻璃杯表面画上线条作装饰，可见她具备画线的技巧。	
1.6 创造力	二	独创性：当其他幼儿主要运用几何形状做印章时，凯茵能运用鞋的形状来创作。变通力：能改变材料的形状以表达自己的意念。	从创作过程及作品中，可见凯茵具备一定程度的创造力。
1.7 能欣赏自己的作品或表演	三	从凯茵的表情可见她对自己创作的作品感到满意，而且她会主动邀请同伴及老师欣赏自己的作品。	
1.8 能欣赏生活中美的事物、别人的作品或表演	二	在讨论时，凯茵挑选出一件她认为最有趣的物品，并说它像喇叭，可见她能留意生活中物品的形态。	

整体评语：
　　凯茵在活动中表现专注、投入、乐于尝试，并能与人分享，她能运用不同几何形状和技巧来创作，过程中亦显示出她想象力丰富，并具有创造的潜能。

表6-8 大班幼儿（子沛）美感发展（视觉艺术方面）评估举例

表现项目	表现水平	观察记录	
		例证（逸事记录）	解释
1.1 乐于参与创作活动	三		在过程中，子沛积极参与创作。
1.2 能尝试及运用不同的材料或方法	二	在自行车场探索活动中，他能主动建议利用拓印的方法来探索地面的质感："我觉得它一颗颗的，是凸起的！"	能探索一些材料的特性或尝试运用一些方法进行创作。
1.3 内容表达能力（个人的经验、感受和想法；对外界的关注）	三	"我挖开了一个树洞呀！可以让蚂蚁进去呀！"	常常能明确表达个人创作的意念，内容丰富。
1.4 运用基本视觉艺术知识的能力	三		在创作中，能运用多种不同的知识。
1.5 技巧	三	能够用牙签和尺等用具，把从树干上观察到的花纹刻画在陶泥上。	技巧表现纯熟、多样化。

续表

表现项目	表现水平	观察记录	
		例证（逸事记录）	解释
1.6 创造力	二		有时能表现出个人见解，体现思维的扩散性。
1.7 能欣赏自己的作品或表演	三	"我觉得自己用了许多不同的颜色，看起来很好看，我觉得很开心！"	能清晰细致地表达感受及描述自己表现的特质。
1.8 能欣赏生活中美的事物、别人的作品或表演	三	"我觉得可以把它搓得滑溜溜的，圆圆的，真好呀！"	表现接纳他人作品的态度，能清晰细致地表达感受和描述它们的特质。

整体评语：

在过程中，子沛积极参与创作，能尝试运用不同的颜色和条纹等视觉元素、工具和技巧进行创作。他既懂得欣赏自己和别人的作品，也能清晰地以口语称赞各人的特点，表现出他已建立了一套个人的审美准则及概念。

第四节　评估资料的应用

幼儿的美感与创意发展对幼儿健全人格的形成极为重要，在评估幼儿这方面的发展时，除了注重他们情感与思维的表达能力外，同时需要注意课程的设计是否提供了多元化及丰富的具体经验，譬如有时教师会发现在课程中较少让幼儿进行音乐创作活动，以致在评估及搜集例证时感到困难，这时教师便应检视课程内容和教学方法。

教师可以配合幼儿园的课程，设计一些节奏型创作、乐曲伴奏、音乐绘画等活动，以逸事记录或录像等作例证。幼儿学习了基本节奏型后，就可以根据一定的指示组合出自己的节奏型，这时教师可让幼儿在组合后自行把节奏型画下来，或是拍照作记录。当幼儿熟悉以乐器伴奏歌曲时，便可让幼儿选择伴奏的乐器，除了说出在哪一小节或哪一句歌词使用什么乐器伴奏外，更可把乐器图贴在乐谱上以作记录，也可拍照作记录。幼儿对音乐的感受，可能会以身体动作或视觉效果表达出来，前者宜以拍照或录像来记录，后者可以作品本身作记录。

课程的评估和修订能让幼儿不断地探索、学习与掌握不同媒介的特质和使用技巧，从而提升幼儿的美感与创意发展，所以评估是课程发展中不可或缺的一部分。

参考资料

（1）中华人民共和国教育部 . 2001. 幼儿园教育指导纲要（试行）［M］. 北京：北京师范大学出版社.

（2）伍振鹜，林逢祺，等 . 2002. 教育哲学 . 台北：五南图书出版股份有限公司.

（3）香港课程发展处 . 2006. 学前教育课程指引：美感［EB/OL］.［2010 - 08 - 02］. http：//baike. baidu. com/view/438659. htm（百度百科词条）

（4）陈龙安 . 1995. 启发孩子的创造力 . 香港：青田教育中心.

（5）陈龙安，朱湘吉 . 创造与生活［M］. 台北：五南图书出版股份有限公司.

（6）凌继尧，张燕 . 2001. 美学与艺术鉴赏［M］. 上海：人民出版社.

（7）黄壬来 . 2005. 幼儿造型艺术教学——综合理论之应用［M］. 台北：五南图书出版股份有限公司.

（8）楼必生，屠美如 . 1998. 学前儿童艺术综合教育研究［M］. 北京：北京师范大学出版社.

（9）DAVIS, J. 1997. The "U" and the wheel of "C", development and devaluation of graphic symbolization and the cognitive approach at Harvard Project Zero［M］//A. Kindler. Child development in art. Reston：National Art Education Association.

（10）FEENEY, S. & MORAVCIK, E. A thing of beauty：Aesthetic development in young children［J］. 1987, 42（6）：7 - 15.

（11）GARDNER，H. 1982. Art，mind，and brain：a cognitive approach to crea-
tivity［M］. New York：Basic Books.

（12）KINDLER，A. M. Myths，habits，research，and policy：The four pillars of
early childhood art education［J］. Arts Education Policy Review，1996，
97（4）：24 – 30.

（13）KINDLER，A. M. & DARRAS，B. 1997. Map of artistic development［M］//
A. M. Kindler. Child development in art. Reston，VA：The National Art Edu-
cation Association.

（14）MAYESKY，M. 2002. Creative activities for young children（7th edition）
［M］. Albany，NY：Delmar/Thomson Learning.

（15）SKULL，J. 1988. Key terms in art，craft and design［M］. Brighton：El-
brook Press.

（16）SPODEK，B. & SARACHO，O. N. 1998. 幼儿教育：适合3—8岁幼儿的
教学方法［M］. 郭静晃，陈正干，译. 台北：扬智文化.

第七章

个案分享（一）：东华三院田湾幼稚园
幼儿学习评估的改革历程

第一节　改革背景

　　随着 21 世纪世界的变迁，香港的教育体系也作出改革以配合社会的发展，其中一项改革重点是推动学校发展自我评估机制，其目的除了辅助教与学之外，也旨在促进校长和教师的沟通及专业提升。

　　东华三院田湾幼稚园过去所采用的评估模式及取向不够全面，只偏重语言、识数和常识等范畴，也只利用常设的教具进行评估。在情意及美感发展方面，就只通过教师平日的观察作出评估。由于没有给教师明确评估的准则，所得到的幼儿表现水平便不够准确。因此，我们积极寻求有效的评估方法，以便更准确地反映学生的学习状况，作为教师改善教学的参考。

　　本园于 2005 年参与香港教育学院幼儿教育学系主持的"课程本位的儿童评估模式"研究计划。经过两年的师资培训、专家指导及实践，教师大致上已能掌握基本的评估理论及模式。在核心小组成员的带领下，教师共同进行研习，根据学校的需要和幼儿的情况修订原有的评估项目及数量。与此同时，为记录幼儿资料、编制评估报告，我们引入电脑系统以整合学习历程档案，再将幼儿在各学习领域所评核的资料记录转化成统计资料，以便分层有序地分析幼儿的发展情况，从而有效地发展自我评估机制。家长也很支持新的评估办法及电子报告形式，因为这样能让他们更多地了解子女在各发展阶段的表现。通过这项改革，本园教师开始掌握如何在真实的教学环境中为幼儿进行持续性评估。评估结果除有助于教师和家长了解幼儿的学习特质外，也有助于幼儿园检视课程并作出适时的调整，以配合幼儿的学习需要。本章首先介绍本园儿童评估改革的历程及成果，继而与读者分享在改革过程中遇到的困难，最后提出有效推行评估改革的建议供同仁参考。

第二节　改革过程

一、幼儿园背景

本园坐落于政府公共屋邨（简称公屋），以基层家庭为服务对象。全园共 240 名幼儿，教学人员 15 人，包括校长、主任及 13 位教师，规模属于中等。在整个研究计划中，由园长、主任及分别负责幼、低、高班的三位教师一共五人，参与研习期的专业培训及课堂实验的工作。此外，还组织了核心小组，由具有 2—15 年幼儿园教学经验、已获取幼儿教育证书或幼儿教育学士学位并对儿童评估有初步认识的成员组成。

在研究过程当中，园长及主任主要负责统筹、支持及召集小组成员制定园本幼儿评估系统的工作，其余三位教师则担任种子老师的角色，负责支持园内的教师工作以及为所在年龄班的教师提供指导，余下的一位教师则负责总务工作，包括统整资料及跟进计划的实施情况。在园的其他教师，则协助推行计划，为修订校本儿童评估系统提供意见。

二、改革的三个发展阶段

这次研究计划，从参与联校师资培训，到制定校本发展评估系统，历时四年，共分三个发展阶段。

（一）研习期

主办机构通过举办工作坊，让参与的幼儿园成员了解儿童发展范畴、表现指标及儿童评估的新趋势。工作坊的内容富有启发性，能引导教师反思自己的已有知识，挑战自己一些想当然的观念，并认真检视自己的教学。而最重要的，是工作坊介绍了麦克菲和利昂（McAfee & Leong）的循环评估模式，让教师了解在进行评估前，先要制定目的及设定时间，然后搜集、记录、整理、总结及分析资料，最后应用所得资料，制订下一个评估计划（黄艾珍，容燕文，杜陈声佩，2007）。这个循环评估模式有助于教师系统地规划课程及活动。

（二）研展期

当本园的核心小组成员基本掌握这一评估模式后，他们便通过下列三项工作，带领本园教师了解有关的理念和评估方法。

第一项工作是培训本园其他教师。种子老师于上学期举行每月一次的工作坊，一共六次。第一个工作坊介绍此评估模式的理念及其中一项儿童发展范畴。教师在班内以随机抽样的方式，选取五名学生作为研究对象，利用此计划所编订的评量表进行评估及记录，并为其中一名幼儿的表现举出例证。在余下的工作坊，分别由不同教师分享所搜集的幼儿样本，对此作出评估和分析，并拟定共同的评估准则，从而掌握评估的技巧。教师也分享评估时遇到的困难，互相交流，寻求解决方法。种子老师会提供意见，让教师能充分认识评量表的各范畴项目及实际操作情况，然后陆续介绍儿童发展范畴的其他项目。以此类推，直至所有教师均能掌握此五项儿童发展范畴评估准则为止。

第二项工作是将有关机构所编制的《儿童发展评量表》转化为《园本儿童发展评量表》。由于本园八成的幼儿均属半日班学生，评量表内某些评估项目如起居饮食方面的自理能力表现便不易评估，体能发展中的健康意识和自理能力须评估幼儿能否自行漱口以保持口腔及牙齿清洁、能否自行用梳子梳头等，这些项目较难在半日班中观察得到，因此便删除。最后，我们把原来的144个评估项目减至110个。为了让教师能在日常环境中观察幼儿的表现并方便家长阅览，本园再根据幼儿的能力，分别于上学期和下学期，将此

110 个项目平均编入三年中，每组大约为 18—22 项（附件一），向家长报告其子女在各学习范畴的发展情况。当幼儿完成整个幼儿园阶段时，家长便合共得到六份报告。

第三项工作是制定一套自评机制，如教师的工作流程表（附件二），以便检查幼儿评估记录和幼儿评估报告等。

以下介绍一下本园进行儿童发展评估的安排。

（1）拟订各级评估项目

由园长、主任和全园教师，根据上文提及的 110 项园本儿童发展评估项目，一起拟定三级评估项目，每级分上、下学期，每学期约 18—22 个评估项目。三年可覆盖全部评估项目。

（2）评估方法

由于课程本位的评估模式可以采用真实性评估方法搜集幼儿的资料，亦可通过自然的口头评核形式，针对特定发展项目搜集证据（黄艾珍，容燕文，杜陈声佩，2007），因此，本园的评估分别在非特定环境和特定环境下进行。

第一，在非特定环境下。教师在日常的学习生活中，观察幼儿在五个发展范畴的能力表现。例如在茶点时间，教师会观察幼儿在情意发展中的社交能力和体能发展中的健康意识和自理能力，并记录幼儿的表现。

第二，在特定环境下。教师会根据教学目标，设计特定的活动，然后集中观察幼儿在活动中的能力表现，并将评估活动的日期、评估项目、活动内容、教具和评分标准（附件三）等记录下来。

（3）例证记录表

在评估幼儿期间，教师会按评估项目，记录幼儿的说话，拍摄相关活动或作品的相片，以显示其水平表现。这些记录会储存在电脑中（附件四），供内部核实评估资料，也能让教师向家长阐释幼儿表现时有所参考。

（4）评估记录表

教师在日常教学中，借助非特定环境和特定环境观察幼儿的表现，即时登记在《评估记录表》（附件五）中，并储存在电脑档案内。

（5）电子评估系统

教师完成以上 1—4 项的工作，已能取得幼儿的评估表现。输入电子系统后，再加入质性报告，以文字描述幼儿在各范畴的综合表现，记录在《儿童发展评估报告》中，打印后便可向家长发布。评估结果会以定量分析的方法来分析，可包含不同层面，例如以个别幼儿计算、以全班计算或是以全级来计算，最后便是以全园幼儿的整体表现来计算。以上结果均可以统计表形式显示幼儿的发展情况（附件六）。

（6）儿童发展评估报告

幼儿园通过电子评估系统的数据分析，获得幼儿的学习结果，并转化成《儿童发展评估报告》向家长发布，上、下学期各报告一次。报告表的内容包括幼儿的个人资料、评估结果及表现描述等（附件七）。

（三）启动期

当教师已掌握本幼儿评估方法后，核心小组成员便按计划，开始讨论如何设立电子系统。为此，幼儿园委托了一家电脑公司，共同开发系统，以便更快捷、准确地储存幼儿的学习表现记录，然后作出多重分析，向家长发布幼儿的评估结果。电脑系统帮助教师提高了工作效能，促进了幼儿园的发展。

教师把幼儿在各发展范畴的表现结果资料输入电脑系统，然后转化成《儿童发展评估报告》，并得出各种量化的分析报告，包括幼儿个人、班级、全级以及全园的表现统计（附件八）。从不同的统计表中，教师及学校可了解各级幼儿的表现、学习成效及全园幼儿发展的强弱项等，这些资料会编入全园周年报告中，并作为编定下年度的课程规划的依据，编入学校的周年计划书中。

第三节 改革历程反思

一、改革主要策略

（一）参加培训课程

在研习过程中，主办机构会定期召开研讨会及工作坊，让参与者了解儿童发展范畴、表现指标及儿童评估的新趋势。此举有助参与者深入了解评估理念和原则，增强参与者的专业判断，以灵活开发园本评估系统。主办机构根据五项儿童发展范畴，把参与的幼儿园分成五个小组，通过定期的小组访谈，互相支持，建立团队。

（二）任命种子老师

面对新的课程时，幼儿园需要耗用人力和时间于课程发展上，因此任命部分教师为种子老师，负责研习和开发新课程，与其他教师分享有关经验和窍门，互相支持。这样可节省幼儿园资源，有效地发展课程，并能为幼儿园建立团队，增强凝聚力。

（三）开展园本研习

幼儿园采用校本研习方式，在研发期间召开六次工作坊（相片1和相片2）。种子老师会利用幼儿个案解构某一项儿童发展范畴项目，个别教师也会将自己试行评估的幼儿样本在工作坊中分享，请其他教师尝试参照评量表中的表现水平级别进行评估并讨论准则以达成共识，确立一致标准。

相片1　　　　　　　　　　　　　　相片2

（四）通过一个活动评估幼儿多个范畴的发展

在评核的过程中，教师发现幼儿在一个活动中的表现，可作为评估不同发展范畴项目的例证。例如当幼儿向同学介绍自己的美劳作品时，教师可以用来作为例证，评核幼儿在美感发展重点项目"创造及欣赏事物的能力"中的表现项目1.7（"能欣赏自己的作品或表演"），同时也可用来评估语言发展重点项目"说话能力"中的表现项目2.1（"能运用语言表达需要、感受和意见，讲述日常生活经验，描述事物和进行社交活动"）。这样便可以减轻教师搜集资料的时间。

（五）建立信息系统

本园委托电脑公司开发软件系统，把幼儿在五项儿童发展范畴的资料电子化，使幼儿的学习表现数据更为准确地以个人、班级、全级以至全园幼儿的表现呈现，以便教师及幼儿园可从各类型的统计表中了解幼儿的学习成效、各年龄段幼儿的表现以及全园幼儿发展的强弱项，这有助于幼儿园作出更具针对性的课程规划。

二、改革成果

经过以上三个阶段的发展历程，本园的儿童评估模式已渐趋成熟，教师已掌握有关评估理论及模式，能对幼儿作出全方位的评估。我们同时也引入电脑系统，配合幼儿的资料记录，为幼儿整合"学习历程档案"，让家长了解其子女在各发展阶段的表现。幼儿园通过电脑编制的评估报告，将幼儿在各学习领域所评核的记录转化成统计资料，按幼儿个人、全班、全级和全园的学习表现分层有序地分析幼儿的发展情况，发展有效的自我评估机制。通过这次幼儿评估的改革，本园教师能掌握如何在真实的教学情境中对幼儿进行持续评估，加深了解幼儿的学习特质，同时也根据所得资料，检视幼儿园课程，配合幼儿的学习需要而适时作出调整。

有关的结果及分析，可综合为下列六项改革成果。

（一）促进了教师对教学理念的把握

由于评估模式参考了香港教育学院所编订的《幼教本位的儿童评估模式——应用指引》，其中的内容正是以儿童发展和能力表现作为理论的基础，因此幼儿园可通过实例阐释各表现水平项目，将有关理论转化为幼儿的行为表现，这样便能有效帮助教师具体了解幼儿的发展和能力表现，反过来也能强化教师对理论的掌握，因此教师便得以增强对教学理念的认识。

（二） 提高了教师对幼儿观察的敏感度

由于课程本位的评估模式需要把教学与评估互相配合，教师便得持续搜集幼儿表现的例证（如相片 3 和相片 4），以便了解幼儿的学习特质，从而提高教师对幼儿观察的敏感度。

相片 3   相片 4

（三） 提升了教师的教学能力

由于评量表中的表现水平项目都有客观清晰的描述，因此当教师设计教学活动时，便会以这些表现水平作为参考。目前，本园教师在设计教具时会确定三个水平表现（附件三）以分辨幼儿的能力，并据此照顾幼儿的个别差异，从而设计适切的教学活动。教师为保证评估能达到最准确的效果，在设计活动时，便会关注到所设计活动的适切度。

在照顾个别幼儿方面，幼儿班教师曾选取表现项目 2.1 "能运用语言表达需要、感受和意见，讲述日常生活经验，描述事物和进行社交活动"为评估项目，评估幼儿在语言发展中的说话能力，为此，教师会特别设置环境以进行观察（附件九），同时也会注意提问技巧，以帮助幼儿在最近发展区学习，发掘幼儿的最佳能力。当教师发觉个别幼儿的语言表现能力较弱时，便会在平时多与幼儿交谈，以刺激幼儿的表达能力。如发现全班幼儿的表现都不理想，教师便会在级会议中与同级教师交流意见，共同商讨在未来的教学活动中是否需要多设计有关的语言情境，促进幼儿语言发展。教师会常常检讨评估结果，必要时便调整教学设计，甚至改变教学策略。经过这样持续的运作，教师的教学素质也会提升。

（四）　结合评估报告修订表现水平

本园每年上、下学期均会给家长发《儿童发展评估报告》，对幼儿发展进行质和量的分析，以满足不同家长的需要。评量表的表现水平原来是分为三项（水平一/水平二/水平三）的，但综合本园教师在应用后的意见，发现部分幼儿连水平一也达不到。因此，本园将评量表内的表现水平项目由原来的三项加至四项，成为"尚须改善/水平一/水平二/水平三"（附件三），相应地，评估报告则改为"尚须改善/发展中/发展理想/表现优异"。幼儿园会在家长会上向家长阐释有关评估准则，让家长知道幼儿园关注幼儿的个别差异。

（五）　更全面地评估幼儿的发展

在参加该研究计划之前，幼儿园也对幼儿进行评估，但缺乏系统性；虽然也设定了评估项目，但主要在特定环境中（通过既定的教具及活动）观察幼儿。新的评估模式则着重在教学过程中进行评估，因此教师便需要在特定环境及非特定环境（日常生活）中搜集幼儿的表现，并作记录。评量表的项目是研究小组根据教育理念拟定，由参与幼儿园在实际的教学环境中试行，并经修订后研发出来的，因此更能全面评估幼儿的发展。

（六）　幼儿园课程发展趋向科学化

在此计划中所应用的评量表，是协助教师把质的评估资料以量表中的表现项目为分析架构，以表现水平为参照准则，从而作出较客观的表述，建立评估的信度。教师也因经常应用此评量表，渐渐内化了有关准则，养成了客观观察幼儿的习惯。同时，把幼儿学习表现数据化（附件五），也方便教师把有关资料分别按个人、班级、全级及全园表现作出统计，分析幼儿的学习成效和表现以及全园幼儿发展的强弱项等，检视幼儿园课程。

在上年度，幼儿班及幼高班的教师从全级统计表中发现幼儿在"美感范畴"中表现逊色，项目的评估结果显示幼儿欣赏事物的能力较弱，教师也认同在这方面的教学能力有所欠缺，因此大家共同商议在本年度的教师发展计划中以美艺教育为学习重点，以增进教师这方面的知识。有了科学化的数据分析，幼儿园便能更准确地评估教学成效，作出改善，推动课程发展。

第四节 建 议

一、珍惜资源，善用例证

在进行评估期间，幼儿园需要耗用人力和时间。为了显示评估资料的准确度，教师会提出例证，笔录幼儿课堂表现，或以照片、摄像和幼儿作品等不同方法反映实况。教师应善用例证工具，内容宜精简（附件四），尽量避免录像资料（因为转为文字资料非常费时）。同时，评量表中的部分项目，例如语言发展中的表现项目2.4"乐意主动与人交谈"，教师在日常观察中已能作出判断，便无须搜集资料。幼儿园需要理解教师作课前准备的重要性，体恤教师上课期间须兼顾教学和照顾幼儿，不应让教师耗用过多的精力和时间在搜集例证上。幼儿园要给教师作专业判断的空间，否则得不偿失。

二、保证评估系统持续准确

要建立有质量的评估系统，教师必须能提供准确的评估。幼儿园应用此评估系统至今，已渐趋完善，但在新旧教师更替的时期须顾及新教师，协助他们掌握理念和技巧，尽早适应评估系统，所以幼儿园应在每年的上学期举行工作坊，帮助新教师掌握评估模式，也借此巩固旧教师的已有知识，以便支持新教师，确保评估的效度和信度。

三、团队协作促进课程发展

在计划进行期间，教师会经常通过交流活动交换意见，这样不但能增进教师彼此之间的沟通，更能通过专业对话，给予教师分享及集体讨论的机会，促进教师的专业成长，这样对新老教师双方均有帮助。另一方面，在发展园本儿童发展评估模式及推行园本课程的过程中，教师必须进行反思，使课程发展更趋成熟。欧用生指出，教师们能成为合作的伙伴是教师持续专业成长重要的一环（1996）。

结　语

评估是课程的一个重要部分，是学与教过程中一个不可或缺的环节，而评估的目的是让教师了解和促进幼儿的学习和身心发展（香港课程发展议会，2006），值得幼教工作者深入研究。通过这次活动，我们进一步理解了科研的重要性，掌握了在教育场域中如何运用真实性评估技巧搜集幼儿的资料，以便对幼儿有更深入及全面的认识。教师专业能力的不断提升，将有助幼儿园发展园本课程，让幼儿获得更全面的学习，从而达到全人教育的目标。

附件一

附表 7－1　东华三院田湾幼稚园儿童发展评估范畴

（2009—2010 年度上学期　幼高班评估项目）

评估范畴	评估重点		项目（上学期）	特定环境	非特定环境	例证记录
认知发展	数理逻辑	1. 科学	1.3 理解事物之间的关系，如因果关系	✓		✓
		2. 数学	2.1.1 度量	✓		✓
			2.1.6 简单运算	✓		
	解难和创意思维	3. 解难	3.3 汇报及评估		✓	✓
		4. 创意	4.2 创新性		✓	✓
语言发展	1. 聆听能力		1.3 能理解别人语调变化的含义，并作出适当的反应（语用）		✓	
	2. 说话能力		2.4 乐意主动与人交谈（情意）		✓	
	3. 阅读能力		3.3 理解图画、符号或文字表达出来的意思（语文技能、故事知识、汉语知识）		✓	
	4. 书写能力		4.4 能书写一些笔画简单、与日常生活有关的字词和简单的句子（语文技能、汉语知识）		✓	✓
体能发展	大肌肉活动协调能力		2.1 移动技能	✓		
	小肌肉活动协调能力		1.2 能系纽扣		✓	
			2.1 能使用剪刀		✓	✓
	健康意识和自理能力		9.1 饮食的均衡性，并保持仪容、物品及环境清洁		✓	
情感及社会性发展	1. 自我概念		1.1.3 认识自己的身份		✓	
	2. 自我管理		2.1 独立自主地完成活动		✓	
	3. 表达情感的能力		3.2 能以适当的方式表达自己的情绪和需要		✓	

续表

评估 范畴	评估重点	项目（上学期）	特定 环境	非特定 环境	例证 记录
情感 及社 会性 发展	4. 社交能力	4.3 能接受别人的提示和意见		✓	
		4.6 懂得分享、合作，有互助精神		✓	
	5. 责任感和公德心	5.7 遵守纪律		✓	
美感发展		1.4.1 运用基本艺术知识的能力（声音）		✓	
		1.5.2 技巧（视觉艺术）		✓	
		1.7 能欣赏自己的作品或表演		✓	

注：共23个项目（4个特定环境/19个非特定环境/6个例证）。

附件二

附表 7-2　东华三院田湾幼稚园儿童发展评估系统（工作流程表）

上学期	下学期	工作
8月	2月	1. 审视此学期将要评估的项目，并把评估项目划分为两类。 非特定环境：大部分项目以平时的观察作评估； 特定环境：少部分项目则利用特定活动集中观察。
9月	2月	2. 确定评估工具和内容。 记录评估活动的评估时间、活动内容、教具及评分标准。
10月—12月	2月—6月	3. 进行观察及评估。 把幼儿的评估结果数据化，完成评估记录表。 4. 完成例证记录表。 记录幼儿的说话/活动相片/作品相片作电脑存档。 5. 把幼儿评估结果输入电脑评估系统。
1月	6月底	6. 校对评估结果。 7. 打印《儿童发展评估报告》。
2月	7月	8. 向家长派发《儿童发展评估报告》。

附件三

附表 7 – 3　东华三院田湾幼稚园 2009—2010 年度上学期高班评估工具内容

评估日期：27/10—30/10

（一）认知发展

< 2 > 数学
类别： 2.1.1 度量

评估工具/相片	内容/方法	
外置教具编号：＿＿B5＿＿ 教具编号：＿＿/＿＿ 教具/用具：1. 图书 　　　　　　2. 直尺 　　　　　　3. 铅笔 　　　　　　4. 数粒 	1. 老师分发铅笔、直尺及图书。 2. 提问幼儿哪个物品最长、最短。 3. 接着，老师取出最长、最短的物品，提问幼儿长的比短的长多少，引导幼儿度量物品。 ➤ 以相片或说话作例证	
	表现水平	**代码***
	幼儿能以直尺或识数粒度量物件，并能说出差异	（水平三） 3
	幼儿能把物品对齐以度量长度	（水平二） 2
	幼儿不能把物品对齐以度量长度，或只能直观比较物品	（水平一） 1
	幼儿不能说出最长及最短的物品	（尚需改善） 0

✱代码：为方便输入电脑系统，作统计用。

附件四

附表 7－4　东华三院田湾幼稚园儿童评估例证记录表

（幼高班：2009—2010 年度上学期）

姓名：施竣耀　　　　班别：上 3B　　　　评估时段：05/10/2009—29/01/2010

评估范畴	评估重点	项目（上学期）	表现水平	日期	凭证记录
认知发展	数理逻辑	1. 科学	1.3 理解事物之间的关系，如因果关系	3	10/12	他说玩偶放在灯的前面会有影子，他选了红色玻璃纸，并预测会有红色的光。
		2. 数学	2.1.1 度量	3	28/10	他能以数粒度量物品及比较长度。
			2.1.6 简单运算			
	解难和创意思维	3. 解难	3.3 汇报及评估	2	20/11	他表示这个购物袋是独自完成的，用工作纸折成，如果加一些装饰可以更美。

续表

评估范畴	评估重点		项目（上学期）	表现水平	日期	凭证记录
认知发展	解难和创意思维	4. 创意	4.2 创新性	3	6/11	他设计的购物袋是巴士外形，可以像车模一样自动行走，人可以控制车子前后行走。如果不想让购物袋自己行走，还有一个手形手挽可以拿起购物袋。
语言发展		1. 聆听能力	1.3 能理解别人语调变化的含义，并作出适当的反应（语用）			
		2. 说话能力	2.4 乐意主动与人交谈（情意）			
		3. 阅读能力	3.3 理解图画、符号或文字所表达出来的意思（语文技能、故事知识、汉语知识）			
		4. 书写能力	4.4 能书写一些笔画简单、与日常生活有关的字词和简单的句子（语文技能、汉语知识）	3	8/12	他能写句子表达自己喜欢的运动。

续表

评估范畴	评估重点		项目（上学期）	表现水平	日期	凭证记录
体能发展	大肌肉活动协调能力	2. 大肌肉的活动技能	2.1 移动技能			
	小肌肉活动协调能力	1. 能掌握手眼协调能力	1.2 能系纽扣			
		2. 能掌握小肌肉操作工具技巧	2.1 能使用剪刀	3	12/10	他能整齐剪出钥匙孔的图形。
	健康意识和自理能力	9. 良好的生活意识和习惯	9.1 饮食的均衡性，能保持仪容、物品及环境清洁			
情意及群性发展	1. 自我概念		1.1.3 认识自己的身份			
	2. 自我管理		2.1 独立自主地完成活动			
	3. 表达情感的能力		3.2 能以适当的方式表达自己的情绪和需要			
	4. 社交能力		4.3 能接受别人的提示和意见			
			4.6 懂得分享、合作，有互助精神			
	5. 责任感和公德心		5.7 遵守纪律			

续表

评估范畴	评估重点	项目（上学期）	表现水平	日期	凭证记录
美感发展		1.4.1 运用基本艺术知识的能力（声音：力度、节奏与速度、音高、音色、长短）			
		1.5.2 技巧（视觉艺术：画线/形、涂色、调色、撕、剪、贴、印刷、搓捏、立体建构、工具运用）			
		1.7 能欣赏自己的作品或表演			

附件五

附表 7－5　东华三院田湾幼稚园评估记录表样本（上 3B①，2009—2010 年度上学期）

项目\姓名	科学	数学			解难		聆听	说话	阅读	书写	大肌肉	小肌肉	健康意识和自理能力		自我概念		自我管理	表达情感	社交能力		责任公德	美感发展			文化认识
	1.3	2.1	1.2	1.6	3.3	4.2	1.3	2.4	3.3	4.4	2.1	5.2	6.1	9.1	1.1	1.3	2.1	3.2	4.3	4.6	5.6	1.4	1.5	1.7	2.5
黄卓曦	3	3	3	3	3	3	3	3	3	3	3	3	3	3	3	2	3	2	2	3	3	3	2	2	3
莫颖蕙	3	3	3	3	3	3	3	3	3	3	3	3	3	3	3	2	2	3	3	2	3	2	2	2	3
林梓锋	3	3	3	3	3	3	3	2	3	3	2	3	3	3	3	2	2	3	2	3	3	3	2	3	3
施竣耀	3	3	3	3	2	3	3	3	2	3	3	3	3	3	2	2	2	3	3	3	3	2	3	3	3
温卓熹	3	3	3	3	3	3	3	3	3	3	2	3	2	2	2	3	3	3	3	3	3	2	2	2	3
陈钧浩	3	3	2	3	3	3	3	3	2	3	3	3	2	3	2	2	2	3	2	3	3	3	3	3	2
郑嘉烺	2	2	3	2	2	2	2	2	2	2	3	2	2	3	2	3	3	2	2	3	2	3	3	2	2
蔡耀轩	2	2	2	2	2	2	2	3	2	2	2	2	3	3	2	3	3	3	2	3	3	3	3	2	2

① 上 3B 指上午幼高班 B 班。

续表

项目\姓名	科学		数学	解难	创意	聆听	说话	阅读	书写	大肌肉	小肌肉		健康意识和自理能力	自我概念	自我管理	表达情感	社交能力	责任公德		美感发展			文化认识
	*■1.3	*■2.1.1	*2.1.6	■3.3	■4.2	1.3	2.4	3.3	■4.4	*2.1	5.2	■6.1	9.1	1.1.3	2.1	3.2	4.3	4.6	5.6	1.4.11	1.5.2	1.7	2.5
许振榕	3	3	3	3	3	3	2	3	3	3	3	2	2	2	3	3	3	3	3	2	3	2	2.5
胡溢朗	2	2	2	2	2	3	2	2	3	2	2	3	3	3	3	3	3	3	3	2	3	2	3
梁祖耀	3	3	3	3	3	2	3	2	3	2	3	3	3	2	2	2	3	3	3	2	3	2	2
卢卓贤	3	3	3	3	3	3	2	2	3	2	2	3	3	3	2	3	2	2	2	3	2	2	3
冯梓锋	3	3	3	3	3	3	3	3	3	3	3	3	3	2	2	2	3	3	3	3	3	2	3
洪铭坚	3	3	3	3	3	3	3	3	3	3	3	3	3	3	3	3	2	3	3	3	3	2	3

3~水平三　2~水平二　1~水平一　0~尚需改善

* 活动内容见评估教具记录表

■ 需要例证记录

附件六

东华三院田湾幼稚园儿童发展评估系统幼儿学习表现统计

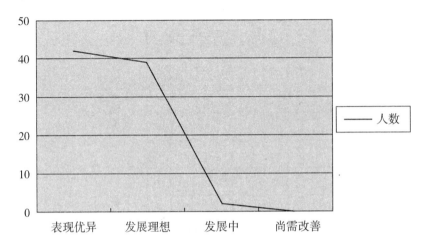

附图 7 – 1　东华三院田湾幼稚园幼高班幼儿认知发展表现

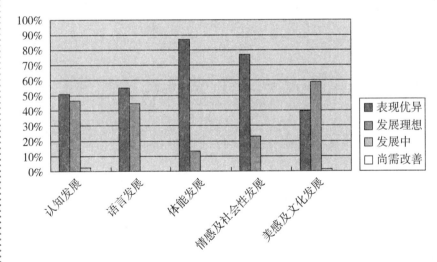

附图 7 – 2　东华三院田湾幼稚园幼高班幼儿各方面发展表现

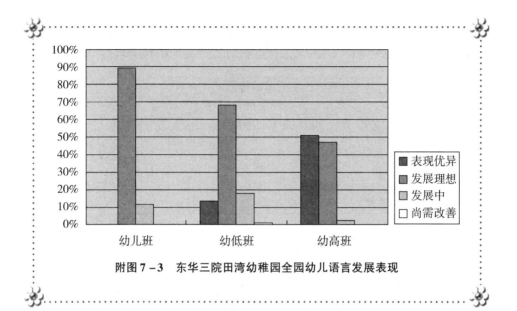

附图7-3 东华三院田湾幼稚园全园幼儿语言发展表现

附件七 ·······················

附表7-6　东华三院田湾幼稚园儿童发展评估报告样本

东华三院田湾幼稚园
儿童发展评估报告
09—10 年度（上学期）

相片

学生姓名：　陈大文　　　　班　别：　上３Ｂ

评估范畴	评估项目	学习表现				综合表现
认知发展	科　学	✓				在认知发展方面，大文的表现优异。他能熟练运算10以内加法，亦能掌握大部分的数前概念。在创意思维方面，他会对活动的计划提出与众不同的意见，亦懂得检讨活动的进行，并提出改善建议。
	数　学	✓				
	解　难		✓			
	创　意	✓				
语言发展	聆听能力	✓				在语言发展方面，大文的表现卓越。在阅读故事时，他能预测结果，并说出自己的感受。在书写能力方面，他能书写一些与日常生活有关的简单句子，表达自己的想法。
	说话能力	✓				
	阅读能力	✓				
	书写能力	✓				
体能发展	大肌肉活动协调能力	✓				在体能发展方面，大文的表现优异。在大肌肉发展方面，他能有效地控制双脚跳、单脚跳、爬及滚动的动作，而且动作流畅，具有协调性。在小肌肉发展方面，他能运用剪刀剪出简单不规则图形，例如人或动物形状，而且剪纸动作灵活。
	小肌肉活动协调能力	✓				
	健康意识和自理能力	✓				

续表

评估范畴	评估项目	学习表现				综合表现
情感及社会性发展	自我概念	✓				在情感发展方面，大文的表现优异。无论成人或同伴给予什么样的意见，他都能耐心聆听，接纳意见后会作出适当的回应。另外，他明白每个场合有特定规则，并会提醒同伴遵从。
	自我管理	✓				
	表达情感的能力	✓				
	社交能力	✓				
	责任感和公德心	✓				
美感发展	美感发展	✓				在美感发展方面大文的表现卓越。他能纯熟地运用涂色、撕、剪和贴等各种技巧，而且能有效运用不同的工具进行美劳创作。另外，他能欣赏自己的作品，接纳不同，亦能清晰细致地描述自己作品的特质。
	对文化的认识和欣赏	✓				

表现优异　　　　　发展理想　　　　　发展中　　　　　尚需改善

迟到____0____次　　　早退____0____次　　　缺席____2____天

奖励_____

校长签署：_____　　　班主任签署：_____　　　家长签署：_____

派发日期：30-01-2010

附件八

东华三院田湾幼稚园儿童发展评估电子系统

1. 设定评估表

2. 输入幼儿评估表现

3. 输入文字，描述幼儿在各范畴的综合表现

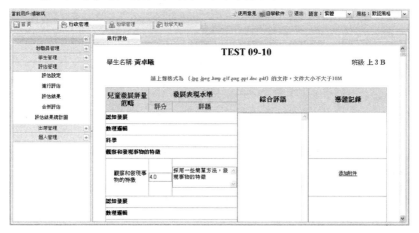

4. 园长及主任审批

5. 打印报告表

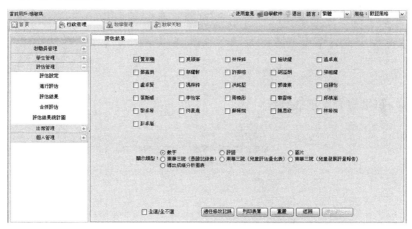

6. 以统计图表显示个人、班、年龄段和全园幼儿发展情况

➢个人发展表现统计表

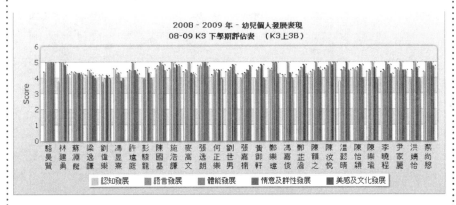

➢班别综合发展表现统计表

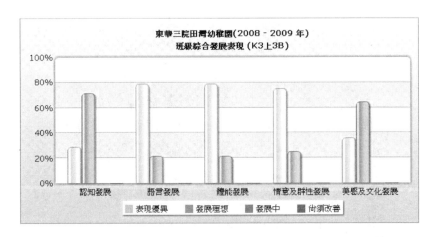

➤全级发展表现统计表

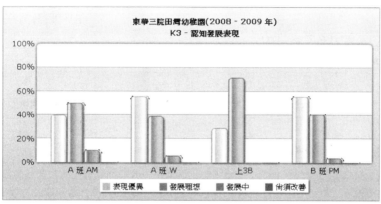

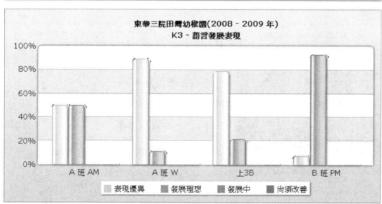

➤全园综合发展表现统计表

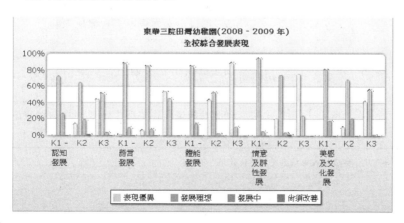

附件九 ·······························

附表 7-7　东华三院田湾幼稚园 2009—2010 年度上学期幼儿班评估工具内容

评估日期：9/11—13/11

（二）语言发展

<2>说话能力
类别： 2.1 能运用语言表达需要、感受和意见，讲述日常生活经验，描述事物和进行社交活动。

评估工具/相片	内容/方法	
外置教具编号：　／ 教具编号：　／ 教具/用具： 相片： 	内容：谈话——分享和爸爸妈妈在假期的活动。 背景：老师在主题活动中，已和幼儿分享有关假期的活动。 方法： 教师和幼儿对话，提出三个问题： 在假期里，你和爸爸妈妈去哪儿玩了？ 你喜欢在那里玩吗？ 那里有什么东西玩？怎么好玩？	
	表现水平	**代码***
	幼儿能说出在假期里曾到过的地方，并说出喜欢或不喜欢那地方的原因，能自信地深入描述活动的地方及活动的详情。	（水平三） 3
	幼儿能说出在假期中曾到过的地方，并说出喜欢或不喜欢那地方的原因。	（水平二） 2
	幼儿能说出在假期中曾到过的地方。	（水平一） 1
	幼儿没能说出在假期中曾到过的地方。	（尚需改善） 0

★代码：方便输入电脑系统，作统计用。

参考资料

（1）欧用生 . 1996. 教师专业成长［M］. 台北：师大书苑 .

（2）香港课程发展议会 . 2006. 学前教育课程指引 .

（3）香港教育统筹委员会 . 2000. 教育制度检讨改革方案——咨询文件 .

（4）黄艾珍，容燕文，杜陈声佩 . 2007. 幼教本位的儿童评估模式——应用指引［M］. 香港：香港教育学院 .

第八章

个案分享（二）：崇真会美善幼稚园暨幼儿园（马鞍山）园本幼儿发展评估示例

第一节　引　言

从 2000 年开始，香港教育当局不断呼吁学前教育界改变评估儿童的政策，要求不再以测验考试作为评估儿童发展的方式，更在 2003 年推出香港《表现指标（学前机构）儿童发展范畴的表现指标》，作为评估儿童发展的标准。无可否认，这个政策的转变在当时给业界带来不小冲击，但这一冲击却为香港学前教育带来了一番新景象。

在日常的课堂中，评估的功能是什么呢？由英国教育研究学会（British Educational Research Association）拨款成立的评估改革小组于 1999 年提出"以评估来促进学习"的概念，认为评估是促进学习的一个非常有用的工具，也是学与教的重要一环。教师可借评估得来的结果改善自己的教学，从而提升学生的学习水平。米利班（Miliband，2004）认为通过评估所获得的资料非常重要，它能让教师和家长了解幼儿在同一年龄或同一发展标准下的表现，也是判断幼儿长短处的依据。"促进学习的评估"的主要目的，是帮助教师确定在之后的教学中如何提升学生的学习动机，让他们成为独立、主动的学习者。评估不单是为了考核学生，更为了把评估结果与课程和教学方法相联系，从而改善教与学的质量，这才是以评估促进学习的真正意义。

要达到促进学习的效果，最为大家熟识和普遍采用的评估方法和工具，是儿童学习/发展评量表及儿童学习档案。香港教育学院于 2005—2007 年进行了一项名为"幼教课程本位的儿童评估模式"的研究计划，研究评估的实际施行方法和成效。他们邀请了 15 所幼儿园一起参与试验计划。本章是本园参与该项试验计划后的经验总结，总结了教师的教学经验以及她们在参与计划后如何继续自我完善、不断改良评估的模式、发展园本幼儿发展评估方法等方面的具体做法。

第二节　幼儿发展评估的过程和方法

本园采用评估表作为主要的评估工具。评估表分为两类：一类是儿童评估表，是根据香港教育统筹局（现称教育局）及社会福利署在 2003 年印制的《表现指标（学前机构）儿童发展范畴表现指标》及 2007 年由香港教育学院研究人员开发的《儿童发展评量表》而设计的。评估方法主要是持续地观察和记录，评估内容包括认知发展、体能发展、情感及社会性发展、美感发展。本园称这种评估表为《儿童发展报告》。另一类是依据本园各课程学习范畴进度，配合各主题内容而设计的评估表。评估项目包括语文、识数、常识三大范畴，本园称这一评估表为《儿童学习记录》。

一、评估目的

香港的学前教育机构都有自己的课程进度，以配合幼儿园课程宗旨及幼儿的背景及需要。本园以学习主题为单位，按照教学内容设计《儿童学习记录》中的评估项目。教师在课程推行期间观察幼儿的行为，并作出评估，从中了解幼儿的学习进度和表现，以便进一步评估学校课程的设计及教学成效。此外，本园所采用的《儿童发展报告》，是以评估表的形式记录幼儿在各发展领域的表现，从而帮助教师审视课程是否符合幼儿的发展和需要。参照各种评估资料，除可以有效地帮助我们作出课程的决策外，也能了解个别幼儿的需要。

二、评估依据

（一）《儿童发展报告》

本园教师在课堂中会采用儿童评估表观察及记录幼儿的表现。全学年分三个时段进行评估，在每一时段中，教师会分别观察幼儿各表现项目五次，并即时作出记录。如相片1所示，教师在体能活动中实时评估幼儿的表现。在五次观察中，若幼儿取得4—5个"✔"，表示已掌握该项能力；取得2—3个"✔"，表示该能力正在发展中；取得0—1个"✔"，表示未掌握该能力或该能力未开始发展。在完成每一个时段的评估后，教师都会整理评估结果，以三个符号代表幼儿的发展：☆代表幼儿已掌握该项能力，〇代表该项能力正在发展，△代表幼儿未发展该项能力。最后，教师会将资料总结于《儿童发展报告》中，以反映幼儿发展的情况。

相片1　儿童进行体能活动

（二）《儿童学习记录》

《儿童学习记录》是通过观察幼儿在主题活动中掌握学习内容的过程而对儿童进行评估。不同主题的学习内容并不会重复。例如在"端午节"主题中，教师会根据幼儿在制作船桨和绘龙船中的表现作出评估（相片 2 及相片 3）。教师分析资料之后，便把结果填写在《儿童学习记录》内。

相片 2　儿童制作龙舟的船桨　　　　　相片 3　儿童画龙舟

教师采用了三种水果代表幼儿三种不同的学习表现：红苹果（🍎）代表幼儿不需要任何提示便能掌握该评估项目；西瓜（🍉）代表幼儿需要少许提示才能完成或掌握该评估项目的内容；橙子（🍊）代表幼儿需要提示和协助才能完成，或未能掌握该项目内容。

三、评估步骤

（一）事前准备

由于《儿童学习记录》的评估内容涵盖了主题和幼儿课程中的学习范畴，因此，教师需同时参考各学习范畴和主题的教学内容来确定评估项目。教师在编制评估项目后，需提交给园长或主任审批。在确定评估项目后，便由负责的教师在级会议上向同级教师讲解。大家可在会议上提出建议，共同修订评估项目。达成共识后，同级教师都会同时采用。此举是让教师能对评估项目的内容及准则有共同的理解。

例如在主题"春天"中，幼儿通过制作蝴蝶来学习蝴蝶外形的特征，并学习几何图形的组合及对称的概念。教师在讨论评估项目内容的级会议中，共同确定评估项目如下：①掌握蝴蝶的外形特征；②利用几何图形组合成图案；③制作对称的双翼。教师又讨论以何种制作材料较能达成学习目标，结果大家一致赞成使用不同形状的海棉纸比用水彩来创作更为容易和有效（相片4）。

相片4 幼儿利用海棉纸来制作蝴蝶

至于《儿童发展报告》，则先由课程小组按照幼儿发展的表现指标，决定每个时段内评估的项目，然后在举行级会议时，依据香港教育学院《儿童发展评量表》项目中不同水平的表现指标，确定较清晰的评估准则。这样能减少不同教师在评估时出现的差异，同时也能让教师了解幼儿在该评估项目中应有的表现。当全级教师达成共识之后，便可在课堂进行观察和评估。

以下以表现指标中说话能力的其中一项"说话流畅，发音清晰"为例说明。评估此项目时，教师可能只把焦点放在幼儿发音是否清晰方面，至于说话流畅与否，便较难评估。若根据《儿童发展评量表》，该项目有三个水平的清晰阐释。水平一是"说话断续、紧张、害羞或难以开口，日常生活字词的发音含混，或令人难以明白"，水平二指"开口说话自如，缓急适中，大部分日常生活字词的发音清晰，或说话令人明白"，水平三指"说话流畅，除了特别的字词，一般发音和吐字清晰，或说话动听"。有了这些具体的描述为依据，教师便会集中观察幼儿在这些方面的表现，这样，评估工作便容易得多了。

（二）观察及记录

进行评估时，无论最终以《儿童发展报告》还是《儿童学习记录》的方式来呈现结果，教师都需要在上课前先温习和熟记当天评估的项目。评估方法主要是观察幼儿在活动过程中的行为及表现，然后作出即时评估。如教师在观察过程中，发现幼儿的说话或行为有特别的表现或反应时，会即时在自备的笔记簿上记录下来。这些记录能帮助教师判断幼儿的学习水平、用做教学反思，当教师与家长见面时，可将这些记录向家长陈述，以帮助家长了解幼儿的课堂学习表现。

　　例如在"春天"这个主题中，其中一项评估项目为"儿童能由大至小排列四个物品"。教师发现一位幼儿在试着排列时，把中间两个物体的次序排错了，但首、尾却排得对（相片5）。他对儿童这个表现感到好奇，于是即时记录在自己的笔记簿内，然后在教学反思时提出这个问题。教师在仔细分析后，便知道这位幼儿能掌握最大及最小的概念，符合她目前发展阶段的特征。于是，教师与家长交流时，便把这个情况告诉家长，通过所做记录，让家长了解他的孩子还不能理解"由大到小排列四个或以上的物体"的概念。

相片5　儿童进行四个物品的排序活动

（三）派发《儿童发展报告》

　　每一主题推行的时间约2—3周。在完成每一主题后，教师会在一星期内完成《儿童学习记录》，派发给家长，目的是尽早让家长了解其子女的学习进展及当前的成长需要。我们鼓励幼儿回家后能延续在幼儿园的学习经验，增加应用知识及能力的机会。至于《儿童发展报告》，则于每个评估时段后，经教师整理总结成评估记录，发给家长。家长在收到《儿童发展报告》或《儿童学习记录》后，需要阅后签字，于下周第一天上课日交回班主任。通过这种沟通方式，教师可以将家长的宝贵回馈作为改善课程和教学内容的重要参考资料。

（四）《儿童发展报告》的保存

经家长签字的《儿童发展报告》或《儿童学习记录》，保留至学期完结，然后教师会把所有记录顺序排列，连同《儿童发展评估表》一并送交家长。此外，教师也会把所有《儿童学习记录》复印一份，存放于幼儿的个人档案内，方便日后查阅。儿童升班以后，这些资料仍可作为新教师了解班上幼儿的重要文件。这一措施有助于教师调整课程、选择教学内容及调整教学方法。

四、评估资料的运用

（一）如何运用评估资料改善教学

虽然《儿童学习记录》的评估项目在每个主题中都不相同，但教师可通过持续的观察记录，对照幼儿前后的学习表现及班中幼儿学习的差异，及早知道课程的内容或教学进度是否适合幼儿，并及时作出调整。教师在每个主题完结后会召开检讨会议，由全级教师共同比较各班幼儿的学习表现，掌握学习差异的情况，从而评估教学内容、进度及教学方法。例如当教师发现大部分孩子都未能掌握"四个或以上由大至小的排列"时，便可在下一个主题内，重复由大至小排列的活动，以巩固幼儿的概念。《儿童发展报告》则记录幼儿发展的状况，因此教师也会把课程进度和儿童发展报告作整体对照，如发现课程内容缺少或偏重某些部分，教师便可在课程检讨会议中提出，然后改善和修正主题的设计。这也是英国评估改革小组在研究报告中提到"评估促进学习"的其中一项主要元素：根据评估结果来调整教学。如果教师能依据儿童实际表现及进展来调整课程进度，改善教学方法，那么，儿童的学习成效将会更大（The Assessment Reform Group，1999）。

（二）如何运用评估资料改善课程

在幼儿园自我完善的机制下，教学人员每年必须检讨及修订所设定的课程内容。如果在检讨时能根据每个主题的《儿童学习记录》和《儿童发展报告》来确定内容，就更能找出哪些内容最能激发幼儿的能力和兴趣。确认哪些课题太深或太浅，探讨全园课程的适切性，或检视某一级课程有否偏重某一方面而欠多元化等，能够帮助教师在新学期修订和改善课程，使学习内容更切合幼儿的发展能力和需要。因此，这些评估记录对幼儿园而言，是非常重要的资料。由于幼儿园课程的对象是幼儿，所以教学人员必须了解幼儿的反应和学习情况，而非单凭理想来设计课程。否则，课程便脱离了现实，难以配合幼儿的学习需要，从而失去真正的意义。

（三）家长如何运用评估资料

对于家长而言，《儿童发展报告》和《儿童学习记录》是他们了解自己的孩子在学习和发展方面的重要资料。通过评估记录，家长能了解孩子哪方面知识已经明白或掌握了，哪方面仍不明白或未能掌握而需加以协助。我们期望家长能对孩子的努力及成就加以肯定，同时对于孩子仍未掌握的部分能给予关心及包容。家长方面亦宜扩展孩子的生活经验，帮助他们掌握不同生活层面的知识、能力及学习态度。通过全年的学习记录，家长更能了解孩子的强弱项，在培育幼儿时能持合理的期望并给予适当的配合。由此可见，评估记录确实为家长提供了有关幼儿学习的客观资料。

（四）家校合作

当了解幼儿的强弱项后，教师和家长应紧密联系，共同商讨帮助幼儿的方法。假如是教育方法出现问题，教师须给家长提供一些正确可行的方法，让他们能在家中帮助幼儿，例如设计"奖励计划"（图8-1）。在幼儿完成某些活动后，由家长记录在《奖励计划表》上，交给班主任，由班主任给予奖励，以帮助幼儿改善行为。假如是有关幼儿发展方面的问题，教师可邀请专家来园，一方面给幼儿提供专业的训练，另一方面给家长和教师提供专业的意见。总的来说，家校必须合作，才能提高培育幼儿的成效，真正帮助幼儿发展。

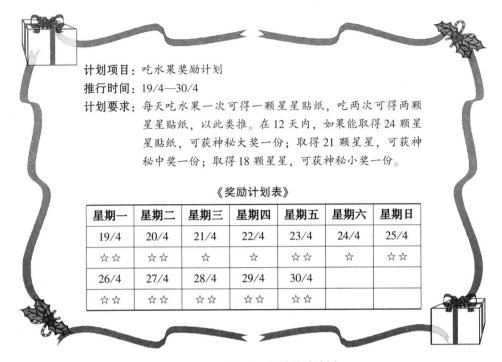

图 8-1 在家中进行的奖励计划

第三节 幼儿发展评估方法的优势与局限性

使用《儿童发展报告》和《儿童学习记录》的好处是多方面的。首先是在操作上容易使用：教师只需在事前制定评估项目，在课堂进行评估便可以了。在评估时，教师无须做太多的文字记录，因此在师生比例小的环境下尤为适合。又由于评估方法简单，新入职的教师也易于掌握和处理，所以在与资深教师沟通时，双方不难达成共识。从学习的角度来看，评估是以符号而非以分数表幼儿需的学习表现，此举能令家长把焦点放在幼儿的学习状况上，避免以分数来评定幼儿能力的高低，有利于提升幼儿的学习动机。

由于《儿童发展报告》和《儿童学习记录》以评估表形式设计，以符号显示结果，不用文字的描述，因此家长无法了解幼儿在评估时的具体状况，而只能在评估表中看到三种符号（如橙子图案表幼儿需在提示和协助下完成工作），不知道幼儿需要什么协助。针对这个限制，教师适宜在开放栏加入文字描述，以说明幼儿在哪些提示或协助下完成什么工作，这样家长便更清楚幼儿在评估时的实际表现。

《儿童发展报告》和《儿童学习记录》是采用持续性评估的形式进行的。日常教学活动其实已是评估活动，例如上文提及制作蝴蝶的教学活动同时也是评估活动。幼儿在学习过程中的行为较为自然，因此较能反映幼儿真实的发展水平及兴趣，这是正规的评估、是测验和考试等方法所不能及的。其次，持续性评估的资料能让家长及教师了解幼儿在不同时间及情境下的学习表现，资料较为广泛及丰富。可是这些评估资料通常只能反映幼儿在一个活动中某些方面的表现，而不能显示幼儿整体的发展。针对这点限制，本园教师须把《儿童学习记录》在一个时段内的持续性评估资料汇集起来，加以分析，整合出幼儿在那个时段的整体发展特征，让大家能全面了解幼儿的成长及学习需要。因此，教学人员适宜设立时段，总结幼儿整体的发展，写成报告，以存档及与家长沟通。此举能避免评估资料流于单一和片面。提供较全面的资料，是推行持续性评估值得参考的措施。

评估的目的是让教师和家长明白幼儿的学习表现和兴趣，从而给予适当的帮助。对于幼儿园教育而言，评估与课程、教学及学习有着密不可分的联系。为实践以评估促进学习的概念，帮助幼儿提升学习动机，成为独立的、主动的学习者，教师宜依据评估资料，调整日常教学，在完成每一主题的教学之后，进一步了解全级幼儿的学习进展，以便在新学年修订有关课程内容及进度，让教学计划更能配合幼儿的发展和需要。只有紧密运用评估资料来改善课程与教学，才能有效地发挥评估的优势。

结　语

任何一种评估方法，均有其优势和限制，因此我们认为应该先检视幼儿园的资源和需要，然后选取一种最切合幼儿园需要的方法，这样运作起来便会较为顺利。正如英国评估改革小组所说，评估应该是学与教的一部分，所以不应为评估而评估（the Assessment Reform Group，2003）。幼儿园应该好好利用评估资料来改善教与学。特里姆勃（Trimble，2003）曾提及处理评估资料的方法，第一是分析资料，第二是决定谁需要帮助和怎样进行帮助，第三是制订应用计划，第四是监察、报告和评估进展。这四个步骤可以作为幼儿园处理评估资料的指南。

幼儿园可以在评估后收集有关资料进行分析，从分析中找出需要帮助的幼儿及需要帮助的方面，再计划课程应如何改革及用什么方法进行教学，继而在课堂里实践，最后便进行监察和评估成效，从而再重新厘定帮助幼儿的方法和策略。这是一个提升幼儿学习的循环过程。在这个过程中，教师、课程、评估三者是分不开的。麦克柯斯基和麦克麦恩（McColskey & McMunn，2000）认为我们要建立的是长线的策略，所以必须培训教师，让他们掌握评估的技巧，建立彼此支持的网络。这是非常重要的，因为教师必须能看懂资料及分析资料，才能知道儿童的强弱项，才能给儿童适当的帮助。在面对大量的资料处理等工作压力下，教师之间的支持和鼓励能帮助他们积极面对困难和挑战。

为此，地方当局应该调拨资源，举办更多评估工作坊，让教育人员有机会认识评估的真正目的和不同的评估方法，同时通过举办地区性的交流会，提供交流和分享的机会。至于学前教育师资培训机构方面，除了将评估设定为必修科目，对教师进行培训外，更可以通过研究工作，搜集数据和分析资料，从而推动课程和教学改革。至于幼儿园方面，可以根据园本课程的需要，邀请专家到园举办讲座或工作坊，培训教师。此外，更可以在园内建立教师支持小组，通过定期的支持活动，让教师之间得到鼓励和支持，缓解他们所面对的压力。总体而言，要推行促进学习的评估，必须由政府、培训机构、幼儿园三方面一起努力，通过教师在课堂中实践，这样，评估才能发挥其真正的功能和价值。

参考资料

（1）儿童发展评量表研究小组 . 2007. 儿童发展评量表 . 香港：香港教育学院 .

（2）香港教育署及社会福利署．2003．表现指标（学前机构）儿童发展范畴
[M]．香港：政府印务局．

（3）ASSESSMENT REFORM GROUP. 1999. Assessment for Learning：Beyond the
black box [M]．UK：University of Cambridge School of Education.

（4）ASSESSMENT REFORM GROUP. 2003. Assessment for Learning：10 Princi-
ples [M]．UK：University of Cambridge School of Education.

（5）MCCOLSKEY，W．，& MCMUNN，N. Strategies for dealing with high-stakes
state tests [J]．Phi Delta Kappan，2000，82（2）：115 – 121.

（6）MILIBAD，D. Using data to raise achievement [C]．London：A Conference
Of The Education Network，London，Feb 2004.

（7）TRIMBLE，S. Between reform and improvement in the classroom. Principal
Leadership（High School ed.）[J]．2003，4（1）：35.

附 录

《儿童发展评量表》

儿童发展评量表研究小组

说 明

　　本评量表的主要目的是评估3—6岁幼儿的学习经验及身心发展，内容依据幼儿发展特征分成五个范畴，包括认知、语言、体能、情感及社会性以及美感。量表内列出了在幼儿成长中须予重视的发展项目，详尽勾画出了每个项目的表现指标。通过连续观察和搜集资料，教师不仅能了解幼儿的发展状况，亦可将数据用于教学，促进幼儿学习及成长。

　　研制发展项目的基础是当前幼儿发展理论及研究的结果，共采纳五个主要原则：①幼儿发展的进程由简单、模糊或具体趋向复杂、分化或抽象；②幼儿发展的阶段具有连续性及阶段性；③幼儿发展的状况具有个别差异性，其特征及进展并非整齐划一；④幼儿发展的过程受内在生理、外在环境及教育因素影响；⑤幼儿发展包含质与量的改变。本评量表以简明而概括的方式，显示每项能力或概念发展的开始期、中期及较成熟期的特征，并采用三级制类别，目的是方便教师判断幼儿的发展水平。

　　本评量表于2005年第一次出版，并于2005—2007年在香港15所参与由香港教育学院主持的"幼教课程本位的儿童评估模式"研究计划的幼儿园试用。各园以抽样形式在不同班级选取10名儿童作为研究对象，其间部分教师就各发展范畴表现项目的清晰度及在实际操作时所遇困难提供了宝贵意见。研究小组按他们所提供的意见修订评量表，使评量者更容易使用此项工具。

　　由于本评量表并非标准化测验，信度、效度及常模仍有待确立，教师或家长切勿将之作为幼儿间互相比较的标准。研究小组现正计划搜集更多数据，以便日后进一步确立本量表的信度和效度，并建立幼儿发展常模。如任何人士对本量表有任何意见或疑问，欢迎通过电子邮件与黄艾珍教授（mwong@ied. edu. hk）联络。

儿童发展评量表
（认知发展）

幼儿园名称：_____　　　记录日期/时段：_____

幼儿姓名：_____　　　记录老师姓名：_____

幼儿出生日期：_____　　　班级：_____

重 点	表现项目	表现水平			观察记录
		水平一	水平二	水平三	
1. 数理逻辑	1.1 观察和发现事物的特征	发现事物的明显特征 （发现小鸟明显的身体的特征，如尖嘴、有羽毛、爪、翼等） □	采用一些简单方法，发现事物的特征 （通过触摸，发现小鸟的嘴、羽毛、爪的质感特征） □	通过有目的，有计划，有系统地探索，发现事物的特征 （经过有目的和有系统的观察，发现小鸟的习性） □	
	1.2 比较异同	比较事物之间明显的异同 （发现不同小鸟的羽毛颜色不同） □	采用一些简单方法，比较事物之间的异同 （采用一些简单方法，如触摸，发现不同小鸟的嘴、羽毛、爪的异同） □	通过有目的，有计划，有系统地探索，比较事物之间的异同 （经过有目的或有系统的观察或记录，发现一些小鸟的不同习性） □	

续表

重 点	表现项目	表现水平			观察记录
		水平一	水平二	水平三	
1. 数理逻辑	1.3 理解事物之间的关系，如因果关系	发现事物间的简单关系 （发现有些物体会停在水面或沉入水底） □	透过观察和简单操作，发现事物间的关系 （经过一些简单操作发现物体的浮沉） □	通过观察、假设/推理/操作等探索过程发现事物间的关系 （把五一粒一粒放在浮在水中的两只小船上，能说出："看看哪一只船会先沉下去！"） □	
	1.4 理解及掌握基本的数学知识	1.4.1 度量	能直观比较事物数量的差异，如大小、长短、轻重、快慢、多少 （对两支长短差异较大的铅笔，儿童能直观分辨其长短） □	能在简单称重基础上比较事物数量的差异 （两支铅笔长短差异较小，儿童能通过对齐分辨长短） □	能用简单或自制的度量单位，比较事物的差异 （用数粒来比较两支铅笔长度的差异） □
		1.4.2 数字与数量	• 能口手一致计数 3—5 • 认识 1—5 的序数 （能用手指数出 1—5，并能用口读出） □	• 能口手一致计数 1—10 • 认识 1—10 数字与数目的对应关系 （能用手指数出 1—10，并能用口读出） □	• 了解 10 以内数字与数量的基本特性 （如单双数、前后数） □

续表

重点	表现项目		表现水平			观察记录
			水平一	水平二	水平三	
1. 数理逻辑	1.4 理解及掌握基本的数学知识	1.4.3 时间	能辨别早晨和晚上、白天和黑夜（问："你今天早上做什么?"能正确说出答案）□	能辨别和初步应用简单的时间概念（能说出一天之内不同的活动时间，例如：我晚上睡觉）□	能辨别和应用一些常用的时间概念（能说出今天、昨天和明天做什么）□	
		1.4.4 空间	以自我为中心分辨上下、前后、里外等概念（能说出自己前面和背后的物体的名称）□	以客体为中心分辨和应用上下、前后、高低、里外等概念（能说出老师和同学前面、背后的物体的名称）□	理解和应用一些常用的空间概念（排队时，能告诉小明站在自己的前面，而不是站在自己的后面）□	

续表

重点	表现项目	表现水平			观察记录
		水平一	水平二	水平三	
1. 数理逻辑	1.4 理解及掌握基本的数学知识 1.4.5 形状	认识基本形状的名称和简单特征 （认识正方形的名称和简单特征）	认识生活中常见形状的名称和特征 （书是长方形或正方形）	认识常见形状的名称、特征和它们在生活中的应用 （分辨生活中四边形的物体，如电视机、电脑等） 能较为广泛地探讨及认识常见形状之间的关系 （探讨瑞士三角朱古力是有不同的形状，不只是三角形） □	
			能初步探讨及认识一些形状之间的关系 （用三角形拼或组成正方形） □		
	1.4.6 简单运算	初步了解数量整体和部分的变化 （有5个苹果，可以怎样分盛在两个水果盘里?） □	了解10以内数的整体与部分关系 （有10个苹果，可以怎样分盛在两个水果盘里?） □	熟练运用10以内数的整体与部分关系 （用半实物，如教棒或心算，进行10以内的运算，能列式计算） □	

续表

重　点	表现项目	表现水平			观察记录
		水平一	水平二	水平三	
1. 数理逻辑	1.5 理解及掌握基本的数理逻辑关系	1.5.1 分类			
		按物体的一种外部特征分类（如形状、颜色等） （分开 3 种颜色的珠子） （在积木堆中把正方形的积木分出来） □	按物体的两种或以上外部特征分类 （收集树叶并能按大小或颜色分类） □	按物体的多种特征分类 （把贴纸分为 4 类：星形的金和银色、圆形的金和银色） （能分辨动物为家畜或野生动物） □	
		1.5.2 排列			
		能排列同质的 3 个以内的物体 （按由长至短排列 3 根铅笔） □	能按一项指标如时间、量、数等排列 5 个或 5 个以内的物体 （按由长至短排列 5 根铅笔） □	能按多重指标排列 5 个或以上的物体 （按由长至短、由粗至细或由颜色由深至浅排列同样的 5 根铅笔） □	

续表

重　点	表现项目	表现水平			观察记录
		水平一	水平二	水平三	
1. 数理逻辑	1.5 理解及掌握基本的数理逻辑关系	1.5.3 型式	认识及扩展简单的型式（把大小不同的积木相间排成一行）□（将两种颜色的珠子相间穿起）□	扩展较复杂的型式或自行创作简单的型式（用两种或以上颜色的珠子相间穿成项链）□	自行创造较复杂的型式（制造拍手拍的节奏，两长三短一长两短）□	
	1.6 数学概念运用		能运用数学语言（如大小、长短、轻重等）描述日常事物 □	能运用数学语言及数数、数字等数学概念解决日常生活中的问题 □	能运用数数、数字和其他数学概念解决日常生活中的问题 □	
2. 解难和创意思维	2.1 解难	2.1.1 解决问题的策略	能运用已经经验去解决相同的问题（种绿豆要浇水，如果不浇便会死）□	能运用已有的概念或经验对事物进行简单的分析以解决类似的问题（种植物要浇水，如果不浇便会死）□	能从已有的概念或经验对各事物进行判断、推理和分析以解决新的问题（明白宠物也一样需要食物才能生存）□	

续表

重 点	表现项目	表现水平			观察记录
		水平一	水平二	水平三	
2. 解 难 和 创 意 思 维	2.1 解难	2.1.2 坚持性	能完成简单的工作 （把玩具收拾好才开始 另一项活动；完成 5 块 拼图） □	当遇到困难时，仍能继 续完成工作 （能重建倒塌的大积木； 能坚持尝试拼不能 拼合的拼图） □	持续工作，离开后仍会 回来继续把工作完成 （能连续搭积木 3 天以 上） （建造一家杂货店，每 天加入新的元素，并能 和其他小朋友一同玩杂 货店游戏） □	
		2.1.3 汇报及评估	能运用单一形式记录、 汇报（如口头或利用图 像、实物记录等） □	• 能运用多种形式记 录、汇报（如口头或 用图像、实物、文字、 作品、表演等形式记 录） • 能评估活动的结果 □	• 记录内容全面，汇 报形式多样化 • 能评估活动的结果 并提出改善建议 □	

续表

重点	表现项目	表现水平			观察记录
		水平一	水平二	水平三	
2. 解难和创意思维 2.2 创意	2.2.1 对待新事物	愿意尝试新事物 （愿意接触不常见的植物，例如摸仙人掌）□	对新事物提出问题，并对相关的活动提出建议 （会问为什么仙人掌有刺，提出如果剪了仙人掌的刺，小朋友摸的时候便不会刺到手）□	对新事物有丰富的想象，并对相关的活动提出建议 （仙人掌有刺，可以种在幼稚园门口防止坏人进来，或用来做防卫武器）□	
	2.2.2 创新性	能在简单模仿的基础上，加入一些新的变化 （把积木当乐器玩）□	能运用已有的知识技能，并加入一些新的变化 （用积木不只是搭建筑物，还能想到用积木搭出农场里的动物）□	活动的计划和进行方式及结果与众不同 （当教室垫门的门槛不见了，能建议用积木代替）□	

整体评语：

儿童发展评量表
(语言发展)

幼儿园名称：_____
幼儿姓名：_____
幼儿出生日期：_____

班级：_____
记录日期/时段：_____
记录老师姓名：_____

重　点	表现项目	表现水平			观察记录
		水平一	水平二	水平三	
语言发展 1. 聆听能力	1.1 能聆听及理解教师的话，并适当地回应（语意）	不能专注聆听教师所说，没有适当地回应 □	能听懂教师所说，并适当地回应或对应 □	与教师交谈时/在大团体活动中，他/她是一个很好的聆听者，专注，能适当地对答，等候发言或发问 □	
	1.2 能聆听及理解同伴的话，并适当地回应（语意）	不能专注聆听同伴所说，没有适当地回应 □	能听懂同伴所说，并适当地回应或对应 □	与同伴交谈时，他/她是一个很好的聆听者，专注，能适当地对答，等候发言或发问 □	
	1.3. 能理解别人语调变化的含义，并作出适当的反应（语用）	能理解教师发出的指示，但未能理解同伴语调变化的含义 □	能理解教师发出的指示，并作出适当的反应，能注意到教师或同伴语调的变化 □	能理解较复杂的指示和别人语调变化的含义，并作出适当的反应 □	

续表

重点	表现项目	表现水平			观察记录
		水平一	水平二	水平三	
语言发展 2. 说话能力	2.1 能运用语言表达需要，感受和意见，讲述日常生活经验，描述事物和进行社交活动（语用）	能说出自己的名字和打招呼，能简单表达需要，感受或意见，讲述日常生活经验，或描述事物 □	能运用一些社交用语，并能运用合适的言词表达需要，感受或意见，讲述日常生活经验，或描述事物 □	能运用一般社交用语，并能清楚表达需要，言词恰当，内容有重点，或表现出有自信心 □	□
	2.2 说话流畅，发音清晰（语音）	说话断断续续，或难以开口，日常生活词汇的发音含混，令人难以明白 □	开口说话自如，缓急适中，大部分日常生活词汇的发音清晰，或说话令人明白 □	说话流畅，除了特别的词汇，一般发音和吐字清晰，或说话动听 □	□
	2.3 与人交谈时，能运用恰当的语气、语调，说话态度良好（语用）	与人交谈时，能看着对方，但语调、音量/表达未能配合场合 □	与人交谈时，语调、音量和表情恰当自然或，有礼貌 □	此外，说话得体或生动，态度诚恳，或懂得包容，支持别人 □	□
	2.4 乐意主动与人交谈（情意）	不主动与教师或同伴交谈 □	能主动与同伴，教师或其他人交谈 □	此外，乐于或勇于提出不同的意见 □	□
	2.5 能连续运用意思完整的句子表达意思（语法）	能够说含有3个或以上词组的句子 □	能够运用不同结构的多词句表达意思 □	能够连续地运用3个以上意思完整的句子表达意思 □	□

续表

重 点	表现项目	表现水平			观察记录
		水平一	水平二	水平三	
语言发展	3. 阅读能力	3.1 知道文字是有意义的（语文功能）	能在日常生活环境中或阅读故事书时注意图画或符号 ☐	在日常生活环境中或阅读故事书时注意图画、符号和文字，知道书中的图画和文字相关 ☐	此外，知道口头语言与书面文字不同，对文字有兴趣，会同字，或读读出相关的字 ☐	
		3.2 掌握看书的方法（书本知识、语文技能、故事知识、汉语知识）	知道如何拿一本书，从哪一页开始阅读 ☐	知道一本书的书名写在何处，文字是由左至右，由上而下地阅读，并能逐页翻书阅读 ☐	此外，能注意到一字有一音，单字是组织成有意义的词组来阅读，页与页之间的内容相关，或还知道有关书本的其他知识，例如一本书是由"作者"写的 ☐	
		3.3 理解图画、符号或文字表达出来的意念（语文知识、汉语知识、故事知识）	阅读故事书后，能简单地说出故事的角色或情节 ☐	阅读故事书后，能说出故事的角色、情节、结局、背景或主题的细节 ☐	此外，能预测后续结果，说出自己的感受，发问或评论 ☐	
		3.4 喜欢选择书籍自行阅读（情意）	会注意聆听他人念书 ☐	会要求别人念书给他/她听或拿书给他/她看 ☐	会自发地取书阅读 ☐	

续表

重点		表现项目	表现水平			观察记录
			水平一	水平二	水平三	
语言发展	3. 阅读能力	3.5 有良好的阅读习惯（情意、书本知识）	偶尔会翻翻书，但没有专注阅读 ☐	偶尔/经常取书来看，会专注阅读书上的内容 ☐	有良好的阅读习惯，例如会读完整本故事书，向别人讲述看过的书，喜欢阅读不同类型的读物，或每天阅读 ☐	
		3.6 懂得从书本中寻找资料以解答问题（语文功能、书本知识、汉语知识）	看书时，偶尔会回应教师提出的问题 ☐	看书时，会运用书中的字词或语句来回应教师提出的问题 ☐	会使用图书、报纸等印刷品查询需要的资料 ☐	
	4. 书写能力	4.1 喜欢自由操作书写工具来画或写（情意、语文功能）	会在成人要求下拿纸笔来画或写 ☐	会主动拿纸笔来画或写 ☐	喜欢选择或使用合适的书写工具来认真地画或写 ☐	
		4.2 能把认识的事物或心中的意思，利用图画、符号、自创文字或文字表达出来（语文形式、语文功能、汉语知识）	能用图画或符号表达自己的意思 ☐	能用图画、符号或自创文字表达自己的意思，并能将自己所写的内容说给他人听 ☐	此外，能用一些正确文字表达自己的意思，或能尝试着修正自己所写的文字 ☐	

续表

重点	表现项目	表现水平			观察记录
		水平一	水平二	水平三	
语言发展	4. 书写能力				
	4.3 掌握正确的写字姿势和握笔方法（语文技能、汉语知识）	能掌握正确的写字姿势，但未能掌握握笔方法 □	掌握正确的写字姿势和握笔方法 □	此外，懂得在线上写/在格内写，或由左至右/由上而下书写 □	
	4.4 能书写一些笔画简单、与日常生活有关的字词和简单的句子（语文技能、汉语知识）	能画或写一些线条、笔画或方块字样 □	能书写一些笔画简单、与日常生活有关的字词 □	能书写一些与日常生活有关的简单句子 □	
	4.5 会用不同的方法来学习写字（语文功能、语文技能、汉语知识）	会注视教师写字，或会请人代笔写他/她想要写的话 □	会要求教师或同伴示范书写，然后仿写，或会询问如何写某个字 □	此外，会从印刷品中寻找想写的字，然后试着画笔画和部件仿写 □	

整体评语：

儿童发展评量表

（体能发展 I　大肌肉活动协调能力）

幼儿园名称：＿＿＿＿＿＿＿＿＿＿

幼儿姓名：＿＿＿＿＿＿＿＿＿＿　　班级：＿＿＿＿＿＿＿＿＿＿

幼儿出生日期：＿＿＿＿＿＿＿＿　　记录日期／时段：＿＿＿＿＿＿＿＿＿＿

　　　　　　　　　　　　　　　　　记录老师姓名：＿＿＿＿＿＿＿＿＿＿

重　点		表现项目	表现水平			观察记录
			水平一	水平二	水平三	
1. 身体平衡能力和四肢的协调能力	1.1 身体平衡力（行走平衡、单足木、平衡、避免躲动作、转体动作、停的动作）	1.1.1 手部动作	要在支撑下才能维持平衡 □	用单手帮助平衡，容易失去平衡 □	用双手帮助平衡，偶而失去平衡 □	
		1.1.2 视线	眼注视脚 □	眼集中注视某一点 □	视线可放在其他事物上 □	
		1.1.3 平衡力	两只脚均均容易失去平衡 □	惯用脚优于另外的脚 □	两只脚均均可维持平衡 □	
		1.1.4 专注力	只有在协助下才能维持平衡 □	要很努力和集中才能维持平衡 □	能轻松维持平衡 □	

续表

重 点	表现项目	表现水平			观察记录
		水平一	水平二	水平三	
大肌肉活动协调能力	1. 身体平衡力和四肢的协调能力	1.2 四肢的协调能力（攀爬、高跷、跳绳、骑自行车）	1.2.1 动作顺序	未能掌握动作顺序（攀爬、骑自行车）☐	大致能掌握动作顺序（攀爬、骑自行车）☐	能掌握动作顺序（攀爬、骑自行车）☐	
		1.2.2 协调性	手脚动作不协调 ☐	手脚动作大致协调 ☐	手脚动作互相协调 ☐	
		1.2.3 流畅性	动作略为笨拙 ☐	动作大致流畅 ☐	动作流畅而有效 ☐	
		1.2.4 变换方向	变换方向笨拙、缓慢 ☐	能控制变换的方向 ☐	变换方向灵活而自信 ☐	

续表

重点		表现项目	表现水平			观察记录
			水平一	水平二	水平三	
2. 大肌肉活动协调能力	2. 大肌肉活动的动作技能 2.1 移动技能（走、跑、双脚跳、单脚跳、跨跳、马步、跑步、滑步、跳步、爬、滚动动作）	2.1.1 整体性	动作比较粗略而不协调（跑、双脚跳） □	能控制动作，但欠流畅（跑、双脚跳） □	能有效地控制动作，动作流畅且效率高（跑、双脚跳） □	
		2.1.2 手部动作	手部动作未能展示大部分成熟阶段的动作（跑、双脚跳） □	手部动作展示部分成熟阶段的动作（跑、双脚跳） □	手部动作展示成熟阶段的动作（跑、双脚跳） □	
		2.1.3 躯干动作	躯干动作未能展示大部分成熟阶段的动作（跑、双脚跳） □	躯干动作展示部分成熟阶段的动作（跑、双脚跳） □	躯干动作展示成熟阶段的动作（跑、双脚跳） □	
		2.1.4 腿部动作	腿部动作未能展示大部分成熟阶段的动作（跑、双脚跳、爬） □	腿部动作展示部分成熟阶段的动作（跑、双脚跳、爬） □	腿部动作展示成熟阶段的动作（跑、双脚跳、爬） □	

续表

重 点	表现项目	表现水平			观察记录
		水平一	水平二	水平三	
2. 大肌肉活动的动作协调能力	2.2 用具操控技能（抛、掷、踢、击、拍、接）	2.2.1 整体性	动作比较粗略而不协调（掷、接） ☐	能控制动作，动作协调，但欠流畅（掷、接） ☐	能有效地控制动作，动作流畅且效率高（掷、接） ☐	
		2.2.2 手部动作	手部动作未能展示大部分成熟阶段的动作（掷、接） ☐	手部动作展示分成熟阶段的动作（掷、接） ☐	手部动作展示成熟阶段的动作（掷、接） ☐	
		2.2.3 躯干动作	躯干动作未能展示大部分成熟阶段的动作（掷、接） ☐	躯干动作展示分成熟阶段的动作（掷、接） ☐	躯干动作展示成熟阶段的动作（掷、接） ☐	
		2.2.4 腿部动作	腿部动作未能展示大部分成熟阶段的动作（掷、接） ☐	腿部动作展示分成熟阶段的动作（掷、接） ☐	腿部动作展示成熟阶段的动作（掷、接） ☐	

续表

重点	表现项目	表现水平			观察记录
		水平一	水平二	水平三	
3. 大肌肉活动协调能力 肢体空间的概念	3.1 动作 水平：高、中、低 方向：前、后、左、右、上、下	一般未能依教师指令做出相应的动作 □	大致能依教师指令做出相应的动作 □	能依教师指令做出相应而精确的动作 □	
	3.2 空间概念 身体姿态：大、小、曲、直等 身体空间：一般空间、自我空间	运用空间概念做动作时迟疑不决 □	运用空间概念做动作时大致流畅 □	运用空间概念做动作时流畅自信 □	
	3.3 创造性 路线：直线、曲线、Z字线	多模仿别人的动作，很少运用空间概念于动作创作中 □	能运用一些空间概念于动作创作中 □	能运用多种空间概念于动作创作中 □	
4. 乐意参与大肌肉活动	4.1 喜欢参与体育活动	很少做到 □	有时做到 □	常常做到 □	
	4.2 享受体育活动的乐趣	很少做到 □	有时做到 □	常常做到 □	

续表

重点	表现项目	表现水平			观察记录
		水平一	水平二	水平三	
		很少做到	有时做到	常常做到	
4. 乐意参与大肌肉活动大肌肉活动协调能力	4.3 投入活动，展现拼搏精神	□	□	□	
	4.4 勇于表达	□	□	□	
	4.5 能主动运用器材进行活动	□	□	□	
	4.6 乐意与人分享活动的经验	□	□	□	
	4.7 遵守游戏规则	□	□	□	
5. 进行活动时具有安全意识	5.1 知道进行体育活动时穿适当服装	□	□	□	
	5.2 知道各种器材的玩法，不做危险的身体动作	□	□	□	
	5.3 能安全适切地运用器材	□	□	□	

整体评语：

儿童发展评量表

（体能发展 II　小肌肉活动协调能力）

幼儿园名称：_____

幼儿姓名：_____　班级：_____　记录日期/时段：_____

幼儿出生日期：_____　记录老师姓名：_____

重点	表现项目	表现水平			观察记录
		水平一	水平二	水平三	
1. 手眼协调能力	1.1 能搓按	能固定双手的手腕，用适当力度在台面上把泥团搓成长条状　☐	能在双手掌心内把泥团搓成圆球状　☐	能单手用数只手指尖把泥团搓成圆球状　☐	
	1.2 能系纽扣	能把放置在台面上的衣服的一枚直径约两厘米的纽扣系好　☐	能把穿在身上的衣服的2—3枚直径约两厘米的纽扣连续系好　☐	能按次序把穿在身上的衣服的五枚直径约一厘米的纽扣连续系好　☐	
	1.3 能折合	能把手工纸向单一方向对折，但未能把角位对齐　☐	能把手工纸先后转换方向折合两次，并能把角位大致对齐　☐	能把手工纸连续转换方向对折 3 次或以上，并能把角位对齐　☐	
	1.4 能仿画	能仿画简单直线及曲线　☐	能仿画由两个形状组合而成的简单图案　☐	能仿画10画以内的字　☐	

小肌肉局部分评估准则：教师只可以给予幼儿口头指示及示范，在没有其他提示下，幼儿如能在 4 次中有 3 次自行做到，教师便可在方格内打"√"。

重点	表现项目	表现水平			观察记录
		水平一	水平二	水平三	
2. 小 肌 肉 活 动 协 调 能 力	2.1 使用剪刀	能用剪刀沿长直线连续剪数下 ☐	能用剪刀转角剪出简单图形，如转方角或圆角 ☐	能用剪刀转角剪出简单不规则图形，如人或动物形象 ☐	
	2.2 使用直尺	能有意图地在纸上随意画线，但未能固定直尺去画出直线 ☐	能一手固定直尺，让另一手去画出约10厘米长的直线 ☐	能自如地运用直尺，去连接两个距离约15厘米长的标点 ☐	
	2.3 使用笔具	能用手掌心握笔，手掌与手腕一起移动，未能分化手指活动 ☐	能用手指握笔，但手腕控制欠灵活，使握笔力度过大或过小 ☐	能用前三指握笔，手腕控制自如，并能顺畅地调整握笔力度 ☐	

整体评语：

_____

_____

_____

_____

_____

儿童发展评量表
（情感及社会性发展）

幼儿园名称：＿＿＿＿＿＿＿＿

幼儿姓名：＿＿＿＿＿＿＿＿

幼儿出生日期：＿＿＿＿＿＿＿＿

班级：＿＿＿＿＿＿＿＿

记录日期/时段：＿＿＿＿＿＿＿＿

记录老师姓名：＿＿＿＿＿＿＿＿

重点	表现项目	表现水平			观察记录
		水平一	水平二	水平三	
情感发展 1. 自我概念	1.1 认识自己				
	1.1.1 认识自己的生理特征	对自己生理特征（身体各部分的名称、位置和功能）有初步的认识 □	对自己的生理特征（身体各部分的名称、位置、功能、样貌和身体特征）有基本的认识 □	对自己生理特征（身体各部分的名称、位置、功能、样貌和身体特征）的认识正确、全面、清晰和稳定，不容易情境或别人影响 □	
	1.1.2 认识自己的心理特征	对自己的心理特征（兴趣和喜恶）有初步的认识 □	对自己的心理特征（兴趣、喜恶、独特之处、长处和局限性）有基本的认识 □	对自己的心理特征（兴趣、喜恶、独特之处、长处和局限性）的认识正确、全面、清晰和稳定，不容易受情境或别人影响 □	

续表

重点		表现项目	表现水平			观察记录
			水平一	水平二	水平三	
1. 自我概念	1.1 认识自己	1.1.3 认识自己的身份	对自己的身份（名字、性别、年龄）有初步的认识 □	对自己的身份（名字、性别、年龄、国籍、社会角色）有基本的认识 □	对自己的身份（名字、性别、年龄、国籍、社会角色）的认识正确、全面、清晰和稳定，不容易受情境或别人影响 □	
	1.2 对自己作出正确的评价	1.2.1 争取机会表现自己	很少争取机会表现自己，不会对自己的成就感到自豪，对别人的注意和称赞感到害羞或不自然 □	在成人的鼓励和引导下，愿意尝试表现自己，对别人的注意表现自然 □	积极争取机会和信地表现自己，对自己的成就感到自豪，乐于接受别人的赞赏 □	
		1.2.2 勇于表达自己的诉求，维护自己的权益	不愿意或用非语言的方法表达自己的需要和意愿（如哭泣、大叫） □	用行动来坚持自己的需要和意愿，或用语言向成人求助 □	自信地用适当的语言或行动来表达需要和意愿 □	
		1.2.3 愿意接纳别人的批评	介意别人对自己的合理批评和意见 □	有时会接受别人对自己的合理批评和意见 □	乐意接受别人对自己的合理批评和意见 □	

情感发展

续表

重点	表现项目		表现水平		观察记录
		水平一	水平二	水平三	
1. 自我概念	1.2 对自己作出正确的评价 1.2.4 能面对失败，并尝试克服困难	面对困难时，表现得无所适从；失败时，会埋怨，尚未能合理地判断成败的因素 □	面对困难时，表现镇定，尝试寻求成人协助；失败时，尝试客观地分析成败的因素 □	面对困难时，表现镇定，先尝试自己解决或成人协助；失败时，勇于面对，能以个人的强弱判断成败的因素 □	
2. 自我管理	2.1 独立自主地完成活动	很少能独立地从多项活动中选择一项活动参与，即使在成人协助下仍表现得犹豫不决（例如喜欢派的活动，不愿意做决定） □	在成人的协助下，能在多项活动中选择一项活动，再从一项活动转到另一项活动 □	能经常审视环境中的活动机会，自行选择多项活动，完成一连串的活动 □	
	2.2 积极参与活动	参与活动的时间短暂，容易分心或放弃 □	在成人或同伴协助下，可以专注地投入活动，延长活动的时间，直至完成活动 □	在活动过程中，不需要成人的提醒和安排，能独立、专注和积极地进行探索（例如尝试不同的玩法） □	
情感发展	2.3 活动兴趣广泛	兴趣单一／狭窄 □	兴趣只集中于某些活动 □	兴趣广泛 □	

续表

重点	表现项目		表现水平			观察记录
			水平一	水平二	水平三	
3. 情感发展	3.1 认识、了解及接受不同的情绪	3.1.1 认识自己的情绪	能辨识开心、不开心及愤怒的情绪 □	能辨识喜乐、兴奋、悲伤、恐惧、愤怒等情绪，并且自己把自己的情绪区分开来 □	了解自己在不同情况中会产生不同的情绪 □	
		3.1.2 认识他人的情绪	能察觉别人开心、不开心及愤怒的感受和表达方式 □	能描述及接受别人有不同的表达感受的方式，懂得尊重别人 □	明白和关心别人的感受和需要，并能用语言或行动回应 □	
	3.2 能以适当方式表达自己的情绪和需要		很少表达自己的情绪和需要，当有负面情绪时，会用强烈的语言和肢体动作来宣泄（例如发脾气、伤害他人或自己） □	尝试表达自己的情绪和需要，当有负面情绪时，有时能用一些恰当的表达方式（例如哭泣、告诉别人） □	能清楚表达自己的情绪和需要，当有负面情绪时，能用恰当的语言或行为来表达，主动寻求协助或慰籍 □	
	3.3 情绪稳定		情绪经常波动，但在成人的安抚下会平静下来 □	大部分时间情绪安稳，并表现出延迟满足和自我控制的能力 □	经常保持情绪稳定，面对变化或困难时仍表现轻松、坚强和正面的态度 □	

续表

重点	表现项目	表现水平			观察记录
		水平一	水平二	水平三	
社会性发展 4.社交能力	4.1 能适应群体生活	与其他儿童一起玩耍，但很少交谈或交换玩具，偶尔会观察和模仿对方的行为 ☐	通过成人的引导，能和其他儿童一起玩耍，彼此交谈，分享及交换玩具 ☐	在没有成人督导下，与其他儿童一起合作性游戏，甚至会自行制定简单游戏规则 ☐	
	4.2 接受群体生活的规范	在成人或同伴的提示下遵守课室规则 ☐	在没有成人的提示下会自行遵守课室规则 ☐	明白幼儿园及课室有特定规则和制定规则的原因，除自行遵守外，亦会提醒别人遵守 ☐	
	4.3 能接受别人的提示和意见	很少拒绝或反抗别人的提示和意见，纵使不明白仍会遵从 ☐	能接纳别人的提示，若有不同意见，会立刻表达自己的观点 ☐	能耐心聆听成人或同伴的提示和意见，细心分析后会作出回应 ☐	
	4.4 待人有礼	在成人提示或要求下学习社交礼仪，例如在接受物品或服务时会说"谢谢" ☐	主动观察别人一般交往方式，并尝试模仿基本礼仪，例如"早晨好"说"早晨好"，他会回应"早晨好"，但仍需成人提醒 ☐	不用别人提醒，能按具体情境选用恰当的交往方式，例如早上见到同学时会主动说"早晨好" ☐	

续表

重　点	表现项目	表现水平			观察记录
		水平一	水平二	水平三	
4.社会性发展	4.5 懂得爱护同伴	对其他幼儿或成人的不快体验未能作出反应，例如只会疑视对方 □	主动观察别人的不快体验，并作出初步反应，例如面露不快、困惑或怜悯的表情，但未能用行动或语言表达关心 □	主动留意别人的需要，懂得用语言（或加上行动）去安慰受伤或不开心的人 □	□
	4.6 懂得分享、合作，有互助精神	初步意识到合作、分享、轮流、退让等多种交往方式，但经常需要在成人提示下才能根据具体情境选用恰当的方式与人交往 □	能主动根据具体情境选用恰当的方式与人交往，例如合作、分享、轮流、退让等，但有时仍需要成人或同伴提醒 □	乐意参与合作性的活动，能经常根据具体情境选用恰当的方式与人交往，充分表现分享、互助合作精神 □	□
	4.7 能主动与他人交往	对交往活动表现冷漠的态度，常喜欢独处 □	主动对同伴或成人友好，乐意与他人交往 □	主动与别人接触，不喜欢独处，对周围的人表现出热情态度 □	□
	4.8 被同伴接纳，与人建立良好的关系	被同伴拒绝、排斥或孤立 □	有一个或几个朋友，得到同伴的关心 □	受同伴欢迎，常被选做玩伴，意见常会得到同伴的赞同、拥护和响应 □	□

续表

重点	表现项目	表现水平			观察记录
		水平一	水平二	水平三	
5. 责任感和公德心社会性发展	5.1 能承担责任	很少能履行成人所分配的责任 ☐	有时能履行所分配的责任。当履行有关任务时，有时未尽全力，态度尚欠积极 ☐	经常能主动地或乐意履行成人所分配的责任，态度认真，会尽力做好 ☐	
	5.2 懂得爱护公物	很少小心及恰当地使用幼儿园设施及教材，例如破坏玩具、图书及体育器材 ☐	有时能自觉地爱护幼儿园设施及教材，例如用完设施及教材、用完完好的玩具或玩具或图书收拾安当 ☐	经常爱护幼儿园设施及教材，例如用完完好玩/玩具、教具或图书或收拾妥当，亦会提醒别人爱护公物 ☐	
	5.3 保持环境卫生	未能养成保持环境卫生的习惯，例如常随地抛垃圾、如厕后忘记冲厕、患病时不戴口罩等 ☐	有时能表现出保持环境卫生的习惯，例如不随地抛垃圾、如厕后冲厕、患病时戴上口罩等 ☐	经常表现保持环境卫生的习惯，例如不随地抛垃圾、如厕后冲厕、患病时戴上口罩、把垃圾桶盖好等，亦会提醒别人注意环境卫生 ☐	

续表

重 点	表现项目	表现水平			观察记录
		水平一	水平二	水平三	
5. 社会性发展责任感和公德心	5.4 保持清洁	干活动完毕后，很少按教师指示帮忙清洁活动场地，例如抹台、用小垃圾铲扫地上的纸屑等 □	干活动完毕后，能根据教师的指示/有时能主动地帮忙清洁活动场地，例如抹台、用小垃圾铲扫地上的纸屑等 □	干活动完毕后，经常主动地帮忙清洁活动场地，例如帮忙扫地上的纸屑等 □	
	5.5 珍惜食物	吃茶点或进餐时经常多取，或玩弄食物。当不能把食物吃完，会把多余的食物随意去弃，并不明白这样做会造成浪费 □	吃茶点或进餐时有时能多取，有时会把不能吃掉的食物随意抛弃，未能明白这样做会造成浪费 □	吃茶点或进餐时经常只取自己能吃的分量，会尽量把食物吃完，并明白随意抛弃食物会造成浪费 □	
	5.6 珍惜用水	未能养成珍惜用水的习惯，例如常在洗漱时开着水龙头玩水，洗手后须由成人提醒才关好水龙头 □	有时表现珍惜用水的习惯，例如不会在洗漱时开着水龙头玩水，洗手后会自行关好水龙头 □	经常表现珍惜用水的习惯，例如不会在洗漱时开着水龙头玩水，洗手后会自行关好水龙头，亦可能会提醒别人要珍惜食物和水 □	

续表

重　点	表现项目	表现水平			观察记录
		水平一	水平二	水平三	
5.责任感和公德心 社会性发展	5.7 遵守纪律	5.7.1 遵守外出活动的安全守则	外出活动时，很少理会成人的安全指示，例如东张西望、偏离队伍，很少留意路面情况 □	外出活动时，有时需要成人提醒才会遵从安全指示，例如步行时跟随队伍，留意路面情况，上楼梯时紧握扶手 □	外出活动时，经常主动遵从安全指示，亦会提醒同伴遵守 □	
		5.7.2 遵守公开场合的规则	很少能遵守各个场合特定的规则，例如经常在公众地方大声喧哗，外出活动时随便触摸、破坏或拿取别人的东西等 □	有时能遵守各个场合特定的规则，有时有在公众地方大声喧哗，外出活动时随便触摸、破坏或拿取别人的东西等行为 □	经常能遵守各个场合特定的规则，亦可能会提醒同伴遵从 □	
	5.8 有保护环境的意识和行为	5.8.1 喜爱自然环境	对自然环境不感兴趣，例如在成人的引导下，仍对自然事物不感到好奇 □	喜爱自然环境，在成人的引导下愿意探索自然事物 □	热爱自然环境活动，主动探索自然事物 □	

续表

重 点	表现项目	表现水平			观察记录
		水平一	水平二	水平三	
5. 社会性发展责任感和公德心	5.8 有保护环境的意识和行为				
	5.8.2 具有环保意识	很少表现具有保护环境意识的行为，例如减少用纸张、纸巾或一次性餐具，把可循环再用的材料用于其他活动 □	有时能表现具有保护环境意识的行为，例如减少用纸张、纸巾或一次性餐具，把可循环再用的材料用于其他活动 □	有保护环境的责任感，经常表现具有保护环境意识的行为，例如减少用纸张、纸巾或一次性餐具，把纸巾再用的材料用于其他活动，并愿意积极宣扬有关信息 □	

整体评语：

儿童发展评量表
（美感发展）

幼儿园名称：＿＿＿＿＿＿＿　　班级：＿＿＿＿＿＿＿

幼儿姓名：＿＿＿＿＿＿＿　　记录日期/时段：＿＿＿＿＿＿＿

幼儿出生日期：＿＿＿＿＿＿＿　　记录老师姓名：＿＿＿＿＿＿＿

重点	表现项目	表现水平			观察记录
		水平一	水平二	水平三	
美感发展 创造及欣赏事物的能力	1.1 乐于参与创作活动	反应冷淡 □	尝试投入 □	积极投入 □	
	1.2 能尝试及运用不同的材料或方法	材料运用或方法单调 □	能探索一些材料的特性或尝试运用方法处理材料 □	能发挥材料的特性或运用多种方法/材料去创作 □	
	1.3 内容表达能力（个人的经验、感受和想法；对外界的关注）	表达能力弱/内容单薄 □	有时能表达个人意念 □	常常能明确表达个人意念/内容丰富 □	
	1.4 运用基本艺术知识的能力　1.4.1 声音：力度、节奏与速度、音高、音色、长短	很少运用有关的知识 □	能运用一些不同的知识 □	能运用多种不同的知识 □	
	1.4.2 视觉艺术：点、线、面、形、体、色彩、质感、构图、组织原理	很少运用有关的知识 □	能运用一些不同的知识 □	能运用多种不同的知识 □	
	1.5 技巧　1.5.1 音乐：歌唱、律动、乐器	单调、生疏 □	练习阶段 □	多样化、纯熟 □	

续表

重点		表现项目	表现水平			观察记录
			水平一	水平二	水平三	
美感发展	创造及欣赏事物的能力	1.5 技巧	1.5.2 视觉艺术：画线／形、涂色、调色、印刷、剪、贴、搓、捏、立体建构、工具运用	单调、生疏 ☐	练习阶段 ☐	多样化、纯熟 ☐
			1.6 创造力（观察力、多样性、扩散性思维、独创性、精密性及解难能力；个人见解）	弱 ☐	一般 ☐	强 ☐
			1.7 能欣赏自己的作品或表演	表现冷淡，带否定的态度；不善于表达及解释自己表现的特质 ☐	表现平淡，投入态度一般；能表达一些感受或局部描述及解释自己表现的特质 ☐	表现专注，持接纳态度；能清晰细致地表达感受或描述及解释自己表现的特质 ☐
			1.8 能欣赏生活中美的事物、别人的作品或表演	表现冷淡，带否定的态度；不善于表达及解释它们的特质 ☐	表现平淡，投入态度一般；能表达一些感受或局部描述及解释它们的特质 ☐	表现专注，持接纳态度；能清晰细致地表达感受或描述及解释它们的特质 ☐

整体评语：

《儿童发展评量表》研究小组成员

统筹	黄艾珍教授
认知发展	黄艾珍教授
	成子娟博士
	伍瑞颜博士
语言发展	杜陈声佩女士
	林瑞瑛博士
	王小文博士
体能发展	曾君兰博士
	张杏冰博士
情感及社会性发展	容燕文女士
	林美嫦博士
	蒋雅德女士
美感发展	张丽霞女士
	黄洁薇博士
	杨黄蕙吟博士

鸣 谢

感谢下列幼儿园的同仁为本评量表提供宝贵意见:

＊天主教圣玛加利大幼稚园 　　＊佛教金丽幼稚园

＊元朗商会幼稚园 　　　　　　＊明爱凌月仙幼稚园

＊圣三一中心幼稚园 　　　　　＊香港东区妇女福利会黎
　　　　　　　　　　　　　　　桂添幼儿园

＊圣公会青山圣彼得堂兆麟苑 　＊香港教育学院汇丰幼儿
　幼稚园 　　　　　　　　　　发展中心

＊圣公会牧爱堂幼稚园 　　　　＊粉岭神召会幼稚园

＊圣多马堂幼稚园 　　　　　　＊崇真会美善幼稚园暨幼
　　　　　　　　　　　　　　　儿园（马鞍山）

＊东华三院田湾幼稚园 　　　　＊嘉德丽中英文幼稚园

＊平安福音堂幼稚园（青衣）

（排名以笔画为序）

主编及作者简介

黄艾珍

香港教育学院教育研究学院副院长，幼儿教育学系教授，儿童研究与创新中心总监。1987—1995 年在澳门大学教育学院任教，致力于开发及协调幼儿教育职前培训课程。1995 年加入香港教育学院。在过往 10 年专注幼儿教育课程与评估质量提升的研究工作，有关著作得到国际学者及香港幼儿教育工作者广泛认可。此外也致力于幼儿教育的比较研究工作，在地区及国际刊物上发表相关的论文及学术文章。近期更积极进行有关幼教机构园本课程开发的研究计划。是多份地方及国际学术期刊的编辑及编委。

容燕文

英国布里兹托大学教育辅导硕士，现任香港教育学院儿童研究与创新中心课程发展主任。从事教师教育工作十多年，历任香港教育学院幼儿教育学系讲师、香港葛量洪教育学院讲师及澳门大学教育学系讲师。曾参与多项幼儿研究计划，包括"运用表现指标改善幼教机构的学与教"及"大学—学校支援计划"等。现为英国布里兹托大学教育博士研究生，主要探讨幼教机构推行儿童评估改革的历程。

杜陈声珮

香港教育学院幼儿教育学系讲师。从事幼儿教师教育工作 19 年，研究范畴及教学专长包括幼儿语言发展与学习及其课程开发。现攻读香港大学教育博士课程，专注研究幼儿早期书写发展。硕士论文探讨朗读故事对香港当地幼儿早期阅读发展的影响，促进了当地教师对这方面的探究。

王小文

加拿大多伦多大学教育博士，现任香港教育学院幼儿教育学系助理教授。

曾任在职幼儿教育荣誉学士学位课程的课程统筹主任。教学及研究的兴趣和范围包括幼儿语言及读写发展、幼儿教育课程和教师发展等。

曾君兰

澳大利亚迪肯大学哲学博士，现任香港教育学院特殊教育与辅导学系助理教授。曾任香港大学特殊教育研究发展中心副总监及香港教育学院幼儿教育学系助理教授，获香港及美国职业治疗师执照，且取得国际感觉统合协会（SII）及美国神经性发展治疗法协会（NDTA）的专业认可资格，对患有各种发展性障碍的幼儿有丰富的临床经验。

张杏冰

英国曼彻斯特大学哲学博士及教育硕士（主修体育），现任香港教育学院幼儿教育学系助理教授。从事幼儿教育工作近十年，曾负责及参与多项幼儿教育研究计划，包括"幼教课程本位的儿童评估模式""提升创意的教学""提升儿童创造力与表达能力的体育活动"及"儿童音体美综合活动探索"等。著作包括《幼儿体育》《儿童音体美综合活动探索》《快乐学习与成长学习套》，另发表文章二十余篇。

张丽霞

香港教育学院高级专任导师。曾修读美术教育证书、设计证书以及英国东安基亚大学教育学士和香港大学教育硕士课程，曾参与版画和摄影展览。现为澳大利亚雪梨科技大学教育博士研究生，主要研究美术教育课程和评估。

黄洁薇

香港教育学院幼儿教育学系助理教授，具有近十年一线幼儿教育工作经验。1995 年加入香港教育学院的幼师培训团队。曾任儿童合唱团指挥，于2001 年开始为香港幼儿创作歌曲，并编写幼儿音乐教学资料册。硕士论文研究幼儿教师视觉艺术教育观念与实践的关系，博士论文通过现象描述分类学探讨幼儿视觉艺术观念。

黄玉卿

香港教育学院幼儿教育荣誉学士、香港中文大学幼儿教育文学硕士，现任东华三院田湾幼稚园校长、香港专业教育学院幼儿教育及社会服务系兼职讲师。曾任香港教育学院幼儿教育系兼任讲师、香港教育局课程发展议会幼儿教育委员会委员。曾参与的著作包括《六个朗读图书的历程》《幼儿教育荣誉学士课程学生习作选》和《幼儿语文与数学》等。

郭婉仪

香港教育学院教育硕士，现任崇真会美善幼稚园暨幼儿园（马鞍山）园长，兼任香港教育学院兼职讲师。担任园长 15 年，从事幼儿教育工作超过 20 年。研究的兴趣包括幼儿读写和中文字形结构等。

❀ 鸣 谢 ❀

承蒙参与研究计划的 15 所幼儿园提供不少与儿童评估相关的文本及图片，并获家长及园方允许以不记名的方式刊登儿童课堂活动照片，令本书不独有理论作为实践的基础，亦有丰富的评估实例可供参考。特此致谢。本书最终能够顺利完成，实有赖各研究小组成员及参与机构的通力合作。感谢香港教育学院儿童研究与创新中心同仁对本书出版工作的支持，特别是允许本书转载小组研发的《儿童发展评量表》。另要感谢教育科学出版社白爱宝主任为本书的编章架构提供宝贵意见，感谢为本书的出版做了大量工作的编辑和校对人员。因时间有限，本书难免有不完善之处，阁下如对本书的内容有任何意见，欢迎发电子邮件（ccri@ied.edu.hk）与香港教育学院儿童研究与创新中心联络。

出　版　人　　所广一

责 任 编 辑　　白爱宝　　王春华

版 式 设 计　　孙欢欢

责 任 校 对　　贾静芳

责 任 印 制　　叶小峰

图书在版编目（CIP）数据

课程本位的幼儿发展评估模式：理论与实践 ／黄艾
珍，容燕文编. —北京：教育科学出版社，2012.4（2020.12 重印）
ISBN 978 - 7 - 5041 - 5744 - 7

Ⅰ．①课…　Ⅱ．①黄…　②容…　Ⅲ．①学前教育—教
学研究　Ⅳ．①G612

中国版本图书馆 CIP 数据核字（2011）第 266241 号

北京市版权局著作权合同登记 图字：01 - 2012 - 2700 号

课程本位的幼儿发展评估模式：理论与实践
KECHENG BENWEI DE YOUER FAZHAN PINGGU MOSHI：LILUN YU SHIJIAN

出 版 发 行	**教育科学出版社**		
社　　　址	北京·朝阳区安慧北里安园甲 9 号	市场部电话	010 - 64989572
邮　　　编	100101	编辑部电话	010 - 64989395
传　　　真	010 - 64989419	网　　址	http://www.esph.com.cn
经　　　销	各地新华书店		
制　　　作	北京金奥都图文制作中心		
印　　　刷	保定市中画美凯印刷有限公司		
开　　　本	720 毫米×1020 毫米　1/16	版　　次	2012 年 4 月第 1 版
印　　　张	13.5	印　　次	2020 年 12 月第 2 次印刷
字　　　数	208 千	定　　价	42.00 元

如有印装质量问题，请到所购图书销售部门联系调换。